【事例で学ぶ】

成功するDMの極意

SECRETS OF SUCCESSFUL DIRECT MAIL

全日本DM大賞年鑑2020

DMという広告媒体の
本当のすばらしさを
伝えていきたい

「全日本DM大賞」は、過去一年間に企業から実際に発送された
ダイレクトメール（DM）を全国から募り、優れた作品を表彰する賞です。

マス広告と違い、受け取った人にしかわからない、いわゆる「閉じた」メディアであるDMは、
具体的な事例が手に入りづらく、なかなかその効果や特性を知る機会がありません。
それと同時に、非常に緻密な戦略に基づいて制作されたDMが、
ほとんど評価されることなく埋もれてしまっているのも事実です。

「全日本DM大賞」は、DMの入賞および入選作品を通じ、
広告メディアとしてのDMの役割や効果を広く紹介するとともに、
その企画制作に携わった優秀なクリエイターたちに評価の場を提供したいとの想いから、
1987年から毎年実施し、今年で34回目を迎えたものです。
今回の入賞作品も、綿密な戦略に基づき制作され、
かつ優れたレスポンス結果を残している成功事例ばかりです。

本書は2009年から続けて12回目の出版となります。
顧客コミュニケーションの設計にかかわる読者の皆さまにとって
何らかのヒントになれば幸いです。

最後に取材・制作にご協力いただきました各広告主・制作者さま、審査員の皆さま、
示唆に富むコメントをくださった識者の皆さま、
全日本DM大賞にご応募くださったすべての皆さまに、心から感謝申し上げます。

令和2年4月　日本郵便株式会社

【事例で学ぶ】成功するDMの極意 全日本DM大賞年鑑2020
CONTENTS

第 3 部

第34回全日本DM大賞 概要

募集期間	2019年8月1日から10月31日(当日消印有効)まで
募集作品	2018年4月1日から2019年9月30日までに制作され、実際にDMとして発送されたもの
応募資格	DMの広告主(差出人/スポンサー)、DMの制作者(広告会社、制作プロダクション、印刷会社など)
応募総数	705点

審査過程

応募705点

一次審査通過（141点）

2019年11月
応募フォーム記載情報による審査

二次審査通過（50点）

2019年11月
9人の二次審査委員によるスコアリング

最終審査

2019年12月
11人の最終審査委員による
スコアリング、協議および投票

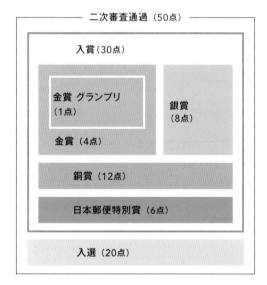

二次審査通過（50点）

入賞（30点）

金賞 グランプリ
（1点）

銀賞
（8点）

金賞（4点）

銅賞（12点）

日本郵便特別賞（6点）

入選（20点）

※ 入賞作品の中から「審査委員特別賞」3点、
入選以上の作品の中から「日本郵便特別賞」を別途選定した。

■ スコアリング方法

応募されたDM、および応募フォーム記載情報に基づき、「戦略性」「クリエイティブ」「実施効果」の3項目について、各審査委員が5段階で評価。

■「日本郵便特別賞」について

「戦略性」「クリエイティブ」「実施効果」の3軸の総合点では評価しつくせない、キラリと光る尖った要素を持つ作品を選出した。

■ 入賞作品の決定

最終審査の総得点順に1位から4位を金賞、5位から12位を銀賞、13位から24位を銅賞とした。金賞4作品の中から、協議と投票によりグランプリを選出。また、グランプリを除く銅賞以上の作品の中で、各項目別の得点に基づく上位作品から協議と投票により、「審査委員特別賞」（データドリブン部門、クリエイティブ部門、実施効果部門それぞれ1作品）を選出した。

デジタルとアナログの融合の先に
新しいアイデアが生まれる

徳力基彦 × 藤原尚也

デジタルだけに閉じたコミュニケーション手段に限界の声が聞かれる中、
いまDMに期待される役割とは何か?
全日本DM大賞最終審査委員を務める二人の対話を通じて考えます。

経営戦略としてのマーケティング
全体最適の実現が求められている

——最近の企業におけるマーケティング活動において課題になっていることは何だと思いますか。

藤原 企業のマーケティング活動をサポートする仕事をする中で感じているのは、経営戦略としてのマーケティングが必要とされていることです。部分最適の取り組みではなく、いかにして全体最適を実現していくかが大き

なテーマになっていると感じますし、デジタル活用に際してもデジタルだけで閉じた戦略では機能しづらくなっているという認識が広まりつつあると思います。アナログもデジタルもシームレスにつなぎ、一人ひとりのお客さまに合わせたコミュニケーションが求められているなかで今回、初めてDM大賞の審査に関わることをとても楽しみにしています(※審査前に対談を収録)。

徳力 第33回の大賞を受賞したディノス・セシール「パーソナライズDM」は、まさにデジ

タルとアナログをシームレスにつないだ好例と言えるでしょうね。

藤原 DMのようなアナログのツールの活用に際して、データを使うことで施策の精度を高める。インフラとしてのデジタル活用が機能しているのではないかと思います。

徳力 ディノス・セシールの石川森生さんは同社に入社した際、紙メディアの無駄をデジタル活用で削減できると思っていたけれど、実際には紙メディアの活用に無駄はなかったことに驚いたと話されていました。デジタルに比べて紙メディアはコストがかかるので、実は活用方法はその分、洗練されていた。そこでコスト削減ではなく、DM施策の効果を高めるためにデジタルを融合させたということですね。

SNSとイベントの間をつなぐ
DMだからこそ機能する場面

——今の時代だからこそのDMの価値、可能性をどのようにご覧になっていますか。

藤原 私はこれまで若年層から比較的、年齢の高い方まで、多様な層のお客さまを対象にマーケティング戦略を考えてきましたが当

> SNSとリアルを繋げる紙媒体の価値が今の時代に見直されているように感じます。

アジャイルメディア・ネットワーク
アンバサダー／ブロガー
アジャイルメディア・ネットワーク設立時からブロガーの一人として運営に参画。代表取締役社長や取締役CMOを歴任し、現在はアンバサダープログラムのアンバサダーとして、ソーシャルメディアの企業活用についての啓発活動を担当。日経MJやYahoo!ニュース個人のコラム連載等、幅広い活動を行っており、著書に「顧客視点の企業戦略」、「アルファブロガー」等がある。

Motohiko Tokuriki

『宣伝会議』2019年11月号より転載

> DMは新規顧客だけではなく既存顧客向けの施策とも相性がいい。力を発揮できる場面は多いと思います。

Naoya Fujiwara

アクティブ合同会社　CEO
TSUTAYA店舗運営、ツタヤオンライン事業、DBマーケティング事業の立上げを経て、2012年化粧品メーカーのガシー・レンカー・ジャパン（株）のデジタルマーケティング責任者として、事業拡大に貢献。その後、（株）マードゥレクス取締役社長に就任。ファンデーションブランド『エクスボーテ』などの化粧品展開をしている同社にて、ブランド再構築や、CRM、店舗流通の全般を管掌し、事業拡大を行う。現在は独立し、パーソナルジム事業、デジタルマーケティングコンサルタント事業の『アクティブ合同会社』を設立。

新規顧客を獲得したいという企業の話を聞くと、その後のロイヤル化の戦略まで考えられていないケースが多いと感じます。既存顧客に向き合い、理解することで、どのような順番で商品を購入してくださるお客さまがロイヤル化しやすいかも把握できるのですが、どうしても新規に向かいがちで、その把握が十分にできていないのです。また休眠状態になった顧客に対してアプローチする上では、DMのようなコミュニケーション手段が距離感として適切だとも思います。Eメールでいくらアプローチしても反応がない顧客にはDMを送ってみる。既存顧客向けの施策を考える中では、DMが力を発揮できる場面が多くあるのではないかと思います。

——DM活用に関するアイデアをお聞かせください。

徳力 DMが届いた先で自然にシェアされるようなクリエイティブの工夫が考えられないかと思っています。例えばPayPayが100億円キャッシュバックキャンペーンを実施しましたが、支払い時に当選した人がその画面をSNSでシェアしていましたよね。あれは絶妙にシェアしたくなる気持ちを喚起するユーザーインターフェースになっていたからだと思うのです。これと同じようなことがDMでもできないか、と。

藤原 面白いですね。DMはEメールで言う開封率のような、届いた先でのリアクションが把握できない点がネックでしたが、その課題の解決にもつながりそうです。

徳力 これまでは見えなかった、DMが届いた先でのお客さまの感情がSNS上で可視化される。そんな活用可能性がありそうですよね。

藤原 デジタルだけで閉じた施策ではなく、立体的なマーケティング戦略が求められている今、DM大賞を通じて、新しいDMの活用法が多く出てくることに期待したいです。

然、年配の方にとって紙メディアの影響力は今も絶大です。さらに最近、感じているのは逆に若い世代にとって紙メディアが新鮮な手段として映っているということです。デジタルのコミュニケーションが浸透しているからこそ、自分宛てに届くお手紙であるDMは価値が高まっているように感じます。

徳力 そうですね。これまでデジタルの世界で仕事をしてきた私は、個人情報保護の観点から住所のデータは保有しない方がリスクを低減できるのではないか、取得するのはメールアドレスだけで十分ではないかと思っていたところがありました。ですがDM大賞の審査をする中で、今の時代におけるDMの価値を感じるように。例えば私が手掛けるアンバサダープログラムではリアルな接点を重視しています。しかしSNSかリアルイベントかの二択になっており、その間をつなぐコミュニケーション手段があまりなかった。その両者の間に位置するのがDMのような気がしています。

藤原 紙メディアのようなアナログの手段は、届いたお客さまに愛着を持ってもらえる可能性が高いですよね。例えば私は通販の事業では、商品を入れるボックスや同封するお手紙の内容など、クリエイティブに非常にこだわってきましたが、そうしたこだわりがファンをつ

くることにつながると考えています。

新規獲得だけでよい？
既存顧客との関係性に可能性

——DM大賞の受賞作品には、必ずしも売ることだけを目的にしない事例も見られます。

徳力 近年の受賞作品を見ていくと、新規獲得だけでなく既存のお客さまに対して、ロイヤル度を高めるコミュニケーションの手段として活用しているケースが多くあります。必ずしも売ることだけを目的にしない、お客さまとの関係づくりにおいてもDMが活用できる場面は多くあるのではないでしょうか。

藤原 これまで、多くの企業がマーケティング予算の大半を新規獲得の施策に投下していたと思います。しかし最近、私は既存のお客さま向けの施策が重要ではないかと考え、提案をする機会が増えています。

徳力 私がアンバサダープログラムを提唱しているのも、既存のお客さまとの関係性が、実は新規獲得にも貢献すると考えているからです。でも、どうしても企業は既存のお客さまより、新規の潜在顧客にリーチすることに目が向いてしまいがちです。

藤原 ある商品を大々的にプロモーションし、

デジタルと対立するのではなく
マルチパーパス&データドリブンで
紙の新たな可能性を切り拓く

岡本幸憲

街中にサイネージが増え、DOOH（屋外デジタル広告）が目に留まるようになった昨今。
ポスター、DM、チラシなど紙メディアに触れる機会が減りつつある。
そんな中、「残るべき紙の形は当然ある、使い方が変わってくるだけ」と話すのは、
第34回全日本DM大賞審査委員であり、デジタルとプリントメディアを結ぶべく、
活動をするグーフ代表取締役岡本幸憲氏だ。

紙メディアの"配布しやすさ"や"保存性"を
共感につなげるクリエイティブ

――「すべてのテクノロジーやデータと繋がる
紙」がグーフのミッションですね。

　2012 年にグーフの前身であるプルキャス
トを創設したのは、印刷メディアを、ユーザー
であるブランドオーナーやクリエイターにとっ
てもっと使いやすいものにすることが目的で
した。印刷業界のルールをテクノロジーに
よって破ってあげれば、もっと面白い使い方、
もっと良い機能が紙に追加されるだろうと
思ったのです。

　以来、デジタル印刷の可能性に着目して
20年以上活動する中で、「紙は難しい」とい
うユーザーの声を聞くうちに、印刷の基礎力
を持っていない人がデジタル手法を生かそう
としてもハードルが高いのだと気づきました。
そこで、サプライヤー側である私たちから「印
刷にはもっとこういうことが出来る」という
可能性やアイデアを提示しながらユーザーと
印刷会社をつなぐことに力を入れることに。
いまも、印刷周辺のデジタルテクノロジーの
上流の方々に対してサービスを提供すること
で、印刷工場がより多様性を持ち、クリエイ
ターがシステムやデータとのコネクティビティ
により今まで出来なかった紙の使い方に目
覚めるお手伝いをしています。紙vs デジタ
ルという対立構造に疲弊し始めている人た
ちが少なくないようですが、両者が歩み寄っ
てデータドリブンで両方やったほうが生活者
にとって喜ばれるコミュニケーション設計が

実現できると思いますし、よいエコシステム
が生まれるような気がします。

――ここ数年、紙メディアに起こっている変
化について、どう捉えていますか？

　昨今はSDGs 的な考え方も広まっていま
すので、8 兆円以上あった紙消費量が維持
されることには反対ですが、残るべき紙の形
は当然ある、使い方が変わってくるだけ、と
いうのが私の信念です。仮に、駅前に屋外
広告を出すと想定した時、マルチパーパスで
考えるといろんなことができますよね。帰属
性やリテンションなどマーケティング効果を
優先するなら、例えばタグなどを織り込んで
DOOH（屋外デジタル広告）と連動させたB2
サイズの紙を刷る。それを特定のスポットに
行けば好きなだけもらえることにするという
ようなトリガーに使えば、B 全の駅貼りドー
ン！とは違ったポテンシャルが出せるかもし
れません。デジタルの台頭でコネクティビ
ティが高まり、生活者によりダイレクトなコ
ミュニケーションが維持できる時代になった
からこそ、紙メディアの"配布しやすさ"や
"保存性"を共感につなげるクリエイティビ
ティが試されているような気がします。

　すでに出版業界には、雑誌と通販をクロス
させる「雑誌2.0」という試みにチャレンジす
る会社が出てきています。紙媒体で培ったコ
ンテンツの企画力、デザイン力、編集力を
フィーチャーすれば、ファッションカタログ
ひとつでも、より柔軟でパーソナルなものに
変えられます。

DM は"ドア・オープナー"として
大切なツール

――海外で数多くの事例を見てこられたと
思いますが、日本との違いは何ですか？

　日本ではスマホで写真を撮ってもSNSに
アップすることが最終目的になっている感が
ありますが、海外では写真データに盛り込ま
れている情報を利活用する動きが広まりつつ
あります。人工知能をかませることでその人
の生活パターン――よくゴルフをする、家族
で海外旅行に行く、スイーツが大好きといっ
た傾向を分析し、通販商品への同梱物や
Web 広告のリードをレスポンサイズすると
いった具合です。

体感・共感など「心が通うメディア」としての役割が、今後のDMの可能性を広げていくと思います。

Yukinori Okamoto

グーフ　代表取締役
1965 年東京都生まれ。印刷業界に転職。米国在住時に数々のIT/Web 関係の事業開発プロジェクトに携わり、31歳で帰国。デジタルと紙の融合で高付加価値なコミュニケーションの実現を目指し、15 年間印刷業界に身を置きながらデジタル印刷を活用したサービスを多数プロデュース。2012 年、「 すべてのテクノロジーやデータと繋がる紙」をミッションにgoofを共同創設。デジタルと同等の運用でプリントメディアを活用したいブランドオーナーと、印刷工場を合理的に繋げる支援を提供している。第34回 全日本DM大賞審査委員。

例えば電子決済で滞留しているポイントを使って、写真データをプリクラやポストカード、フォトブックなどに加工できるとしたらどうでしょう。『チェキ』が若い世代の間で盛り上がっていることからもわかるように、感覚的に撮った写真であってもポストカードなどフィジカルなかたちで残して誰かと共有できるものにすることで、コミュニケーションツールとして機能します。デジタルのオブジェクトであっても、体感・共感メディアとして強い紙メディアと組み合わせることで、企業が生活者に新たに関与できる余地が生まれるかもしれません。

——DM（ダイレクトメール）の役割も変わっていくのでしょうか？

デジタルDM、紙のDM、ともに"ドア・オープナー"として大切なツールのひとつです。ただしデジタルDM の場合はお客さまが能動的に動かない限りリーチしません。また、パーソナライズという点で有利な半面、販促狙いのコミュニケーションになりがちで、真のブランドコミュニケーションにつながっているかというと、慎重に見極める必要がありそうです。

一方、紙DM はお客さまとの帰属性を維持、向上させるツールとして有効だと思います。しかし、最近は圧着ハガキに割引クーポンが印刷されているようなものが多いせいか、DM ＝ハガキ、大量印刷をばらまくというイメージが強くなっており、サプライヤ側としては少々辛い状況です。封書で送ることが

絶対的に良いとは言いませんが、昔ながらの"ていねいさ"を大切にすることで「販促ツールをつくる」という感覚から「心が通うメディアとして使う」という感覚へと進化できるよう啓蒙しています。たとえば、アパレルのハンガーポップに人気ファッション誌のような世界観が表現されていたら、受け取った生活者に、「このDMが溜まっていくのがうれしい」「私の気持ちを知ってくれている」と感じてもらえるかもしれません。他のメディアと融合することで紙の価値を高めればバラマキがなくなり、予算の使い方も変わって良い連鎖が生まれてくると思います。紙を使ったDM は、そうした可能性を切り拓くカギになりうるメディアだと期待しています。

『ブレーン』2019年11月号より転載

11

顧客とのつながり強める「対話」を

奥谷孝司

時代に応じて、柔軟に変化してきたダイレクトメール。
全日本DM大賞の審査委員である奥谷孝司氏が語る、
ダイレクトメールの新たな可能性と再び見つめるべき原点とは。

ダイレクトメールに従来期待されてきたのは、レスポンス獲得でした。これからもそれは変わらないでしょう。しかし、それは、ダイレクトメールの価値がそれのみだ、ということではありません。

今後期待されるのは、顧客体験を把握する指標—認知・興味関心、検討、購買の意向を計測することを踏まえて、ダイレクトメールを制作することです。

たとえば、すでに正月のおせち料理商戦が始まっています（※インタビュー収録は2019年秋）。当社も、多くのコミュニケーションタッチポイントを活用して、注文を促しています。

皆さんの会社でも、このように複数のコミュニケーションチャネルを活用して、マーケティング活動を行っていると思います。

そこで、どのツール、タッチポイントが最もレスポンスを獲得できたかということはもちろん、1月以降、各ツール、タッチポイントから流入されたお客さまを追跡してみるのはどうでしょうか。ツール別に、周囲への推奨意向が高まったか、あるいは来年の購入意向が高まったかどうか、を調査するのです。

つまり、販促ツールとしてとらえるのではなく、優れたコミュニケーションチャネル、お客さまとのつながりを作り出す優れた場としてとらえてみるということ。顧客体験が重要なことは、かねてから指摘されているとおりです。

特にダイレクトメールは送付先がわかっているので、追跡もしやすい。その中から、たとえば500人を抽出し、ブランド名に対して何を想起するか、表現内容は覚えているか、商品への期待がどのように変わったかなどについて尋ねてみれば、送っていない人、あるいはほかのツールの利用者との違いが見えてきます。

実店舗とECサイト、モバイルアプリとモバイルWebサイトの顧客体験の違いは、それぞれが提供するサービスや役割などに現れてくるものです。たとえば、アプリは独自のクローズドな環境があり、ダウンロードが必要。一方のモバイルWebサイトはアクセスが容易ですが、そのたびにログインが必要で、関係が希薄になります。

同様に、ダイレクトメールというタッチポイントは、どういうものなのか。改めて真剣に考えてみてもよいはずです。リーフレットやチラシとの違いは何か。そこでどのような顧客体験が起きていて、何がそれを可能にしているのか。

顧客の意向変化はダイレクトメールだけで起きるものではありませんし、偶然にも左右されます。しかし、顧客データが、ますます経営資産としての存在感を強めているいま、ある顧客に対してダイレクトメールが、どのような変化を起こしているのか、も重要なデータです。

そのデータを生かして、顧客へのフィードバックを変えていくことも、顧客とのつながりを強める「対話」なのです。

> DMは販促ツールだけではなく顧客とのコミュニケーションチャネルとして活用してみては。

オイシックス・ラ・大地　執行役員 COCO
顧客時間　共同CEO 取締役
1997年良品計画入社。2015年10月にオイシックス（現オイシックス・ラ・大地）に入社し、現職。早稲田大学大学院商学研究科修士課程修了（MBA）。
2017年4月から一橋大学大学院商学研究科博士後期課程在籍中。

Takashi Okutani

『販促会議』2019年11月号より転載

『販促会議』2019年11月号より転載

「理想のお客さま像」を明確化し企業の本質に目を向ける。それが効果的なDM施策へと繋がっていきます。

Yoko Hatanaka

畠通 代表取締役社長
販促コピーライター
京都市上京区の印刷会社にて7年の企画営業を経て2012年6月独立、翌年6月畠通を設立。DM大賞4回受賞、DMA公認ファンダメンタルマーケター、女性起業家のための販促塾主宰

MARKETER'S VIEW ❹

購入よりも交流でお客様とコミュニケーションを
畠中陽子

ダイレクトメールを活用するにあたり顧客との「情緒のやりとり」が大切だと言う、
全日本DM大賞の審査委員である畠中陽子氏。
ダイレクトメールを活用した顧客とのつながりの強化の大切さについて語る。

サービス業や一部の小売り店舗、通信販売でもそうですが、直近の来店日から一定期間が空くと、ディスカウント付きのダイレクトメールが送られてくることがあります。けれど、私などは、「コンスタントに利用しているお客さんのほうを大事にしてほしいな」と思います。

似たような話で、携帯電話では乗り換え客が最も優遇されます。しかし、同じメーカーの機種をずっと使い続けている人——実は私もですが、新機種を先行で手に入るようにしてくれたら、値引きしなくても買うんだけど……と思っています。

利用しなくなった人、ヨソから移ってきた人を優遇する、という施策には、そのまま、企業がどういうお客さんを大事にしたいと思っているのかが現れます。

新規獲得はもちろん重要ですが、事業を続けるには既存のお客さんが不可欠です。新た

なお客さん向けであれ、なんであれ、広告の内容は誰にどこで見られてもいいようにしておくべきだと思います。

ダイレクトマーケティングでは、必然的にお客さまを"格付け"することになります。しかしそれは「理想のお客さま像」にどれだけ近いか、という格付けです。「理想」というのは購入金額だけではありません。より多くの人を紹介してくれる方かもしれないですし、それこそ企業ごとにあるはずです。

要するに「自分たちは、どういうお客さんを大事にしたいか」です。理想のお客さまの姿をくっきりと解像度高く描けているか。発信する側に問われるのは、まずここだと思います。

いまの時代、何を聞くかより誰から聞くかが重視されます。さらに、誰と一緒に時間を過ごすか、ということも大切になってきています。その商品はどんな人たちが買っているのか、ということです。「誰々さんがいるな

ら私も！」とポジティブに働くこともあるでしょうし、「ああいう人たちが集まっているなら、ちょっと…」ということもあるでしょう。

つまり、商品や店舗を選ぶのは、自分が所属するコミュニティを選ぶようなものなのかもしれません。「理想的なお客さま像」を明瞭にするのは、どういうコミュニティを作りたいか、につながります。どういう顧客を抱えているかはやっぱり企業の競争力なのだと思います。

そして、忘れられがちな気もしますが、社員のみなさんも、そのコミュニティの一員です。社員がその商品の本当のファンだと、信頼できますよね。

「理想的なお客さま像」に近づいていってもらえるよう、情報ではなく情緒のやりとり、購入よりも交流、という観点で、コミュニケーションを図ること。本心からそう考えていれば、お客さまには必ず伝わるものです。

「DM4.0」時代が到来
審査委員特別賞に
「データドリブン部門」を創設

「第34回 全日本DM大賞」では、審査委員特別賞に「データドリブン部門」が加わりました。
特別賞新設の意図、そしてこの時代だからこそDMに求められる役割について、
審査委員を務める日本ダイレクトメール協会　専務理事の椎名昌彦氏と、
大賞を主催する日本郵便の中垣征也氏・松本俊仁氏に話を伺いました。

日本ダイレクトメール協会
専務理事
椎名 昌彦 氏

日本郵便
郵便・物流営業部　係長
中垣 征也 氏

日本郵便
郵便・物流営業部　専門役
松本 俊仁 氏

■ DMに顧客の行動データを掛け合わせ
タイミングの最適化をはかる

——今年で34回目を迎える全日本DM大賞ですが、応募作品の傾向などから見て、DMというメディアにどんな変化が起きているのか教えてください。

椎名　広告マーケティング全体でデータ活用が進んでいますが、DMの歴史を「データ活用」という切り口で振り返ると、いくつかの分岐点があったと思います。

　まずは「ターゲットを絞り込む」といったデータの活用がほとんどなく、マスに向けたコミュニケーションと同じ役割を担った時代。これを「DM1.0」と呼びましょう。情報をばらまくためのDMです。自ずと勝負所はクリエイティブとなるため、ユニークでクリエイティブなDMが多数生まれました。

　次に訪れた「DM2.0」は、名前や年齢、性別、職業などのプロフィールデータを用いるDMです。DMの中に名前を印字したり、顧客の属性に応じて訴求内容を変えたりと、パーソナライズされたDMが出てきました。

　そしてここ10年間は、「購買履歴データ」の活用が本格的となった「DM3.0」時代でした。たとえば2011年全日本DM大賞の金賞に輝いたスカパーJSATのDMは、視聴データの分析に基づき、顧客ごとに最適な無料視聴チャンネルを伝える案内を行っています。

　この頃から、購買履歴データを分析して最適なクリエイティブに結びつける手法が主流となってきました。その到達点とも言えるのが、2018年にグランプリを受賞したソフトバンクの「あなただけのケータイアルバム」DM。ソフトバンクのロイヤルユーザー

に向け、過去10年間にそのユーザーが使用したケータイ機種をアルバムのようにまとめたDMで、一人ひとり内容が異なるものでした。

　では、次なる「DM4.0」はどうなるかというと、その兆しは2019年のグランプリ作品である、ディノス・セシールの「カート落ちDM」に見られたと思います。ECのカートに商品を入れてから離脱した顧客へ最短24時間以内にDMを送付するというものでした。購買履歴データを単体で活用するのではなく、それにWeb上に取得した「行動データ」を掛け合わせる手法です。これによってDMにおけるデータ活用に「タイミングの最適化」の視点が加わりました。まさに今「DM4.0」の時代に突入したと私は思います。

中垣　DMは基本的には宛名が必要なので、もともと「データドリブン」な媒体なわけですが、デジタル上で取得した「今・何をしてる」というデータをプラスした「カート落ちDM」は、他の作品と比べデータの活用の仕方が抜きん出ていました。

松本　タイミングを最適化するDMを同じように実現してみたい、という声を広告主企業から聞くようになりましたね。

中垣　受賞作品に限らず、すべての応募作品を審査で見ていると、リテンション（顧客維持）を目的としたBtoCのDMが増えていたり、BtoBのDMが増えていたりしてDMが担う役割自体が広がっているようにも感じます。

椎名　ポイント会員システムなどを利用して、通販会社に限らずどの業種でも顧客データを取得するようになったことで、DMを送りやすい環境が整った、ともいえると思います。特にデジタル印刷の技術の進化は大きな影響を及ぼしています。ある程度デザインパターンを事前に用意しておくことによって、一晩で出力・発送することさえできるようになりました。デジタルデータやIT

テクノロジーの活用によって、制作から発送までにかかる時間が短縮されていることも、「DM4.0」時代の後押しになっていると思います。

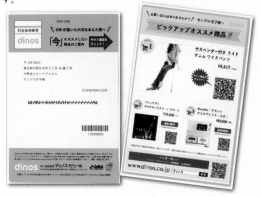

作品名：「最新テクノロジーで自動化へ！パーソナライズされた情報が欲しいタイミングで届くDM」広告主：ディノス・セシール／制作者：ディノス・セシール　第1弾「カート落ちDM」はカート落ちした商品を自動的に掲載し、最短24時間以内に発送。

——行動データの活用や、タイミングの最適化ができるようになったからこそ課題もあるのでしょうか。

椎名　「今」の相手の動きを知り、活用できる分、相手との距離感を間違えたDMを送ると、炎上やネガティブな反応につながりかねないと思います。これまで取引のない見込み客に対して「あなたのことを知っています」と伝えたら、「なぜ知っているのか？」と疑念を持たれるでしょう。一方で10年来付き合いのある顧客に対して、素っ気ないコミュニケーションをすれば、「大切にされていない」という印象を植え付けてしまいます。DMが1to1で顧客と向き合うマーケティング手段だからこそ、マーケター自身が正しく「距離感」をはかる視点は非常に重要だと思います。

中垣　DMは顧客の背中を押し、購入や申し込みを促すのが得意な媒体です。だからこそ、いつ・どんなシーンで背中を押されると一歩踏み出すことができるのか。どこで背中を押されると不快感を抱くのか。データを活用できる時代だからこそ、受け手の心理状態をいつも考えなければいけませんね。

データ活用を軸にした
戦略的なDM施策に期待

——審査委員特別賞に「データドリブン部門」が加わりました。賞を新設した狙いを教えてください。

中垣　ほとんどのDMはデータを活用しています。ただし、たくさんあるデータの中からデータを選んで分析・活用し、「この人に、このタイミングで、これを訴求する」といったシナリオを作ってい

くことについては、マーケターの手腕が問われます。DM施策の背景には、どのデータをいかにつなげて活用していくかについて考え抜かれた全体戦略があるはずです。またDM単体だけで完結しない施策も広がっています。

私たち審査をする側は、DMの背景にある戦略、シナリオを含めて、きちんと評価していきたい。そうしたメッセージを「データドリブン部門」に込めています。表面の施策だけ見ていると全体像を捉えにくい分、審査する側としては身が引き締まる思いもあります。

全日本DM大賞は広告プロモーション全体を評価する賞ではありませんが、全体のシナリオをふまえて「DMがいかなる役割を担えているか」を審査していきます。これまでどおり審査では「戦略性・クリエイティブ・実施効果」の3軸を評価し、データドリブン部門では「DM4.0」時代の綿密なデータ戦略のもと制作されたDMや、新たなデータ活用でDMの役割を開拓しているような作品を表彰し、DMメディアの可能性を広く紹介していきたいと考えています。

椎名　「絞り込んだターゲットに合わせた表現」「タイミングの最適化」「1信、2信、3信の組み合わせ」「メルマガをどう絡ませるか」など、全体のストーリーやコンテクストが、複雑化したコミュニケーションの中では重要になっています。そこにはデータの活用が欠かせません。一つひとつのDMというコンテンツだけでなく、データ活用を軸にした戦略性の評価項目を強化することは、DMの価値を伝えていく賞として自然な流れだと思います。

——応募者に期待することはありますか？

松本　DMを活用する企業には「どうお客さまとコミュニケーションをとるか」の戦略があり、「どのチャネルを使ってお客さまとコミュニケーションをとっていくか」と考えた結果、DMが何らかの役割を期待されて選ばれているはずです。「お客さまのどのホットな情報をとって、どうコミュニケーションをとるのか」に対して工夫のあるDMに期待しています。

中垣　デジタル施策を得意としてきたマーケターにも、紙のDMをぜひ活用してほしいですし、多くの方からご応募いただける賞になればと思います。

椎名　「DM4.0」へ向かう傾向は確かにあり、ここまで「データドリブン」に焦点をあててお話をしてきましたが、全日本DM大賞においては、「行動データ」を活用したDMだけが高く評価されるわけではもちろんありません。例えば購買履歴データから、これまでにないクリエイティブの最適化ができた事例もあるかもしれません。さまざまなデータの活用方法や、大胆なクリエイティブ手法に出会えることを期待しています。

効果の上がるDM作成に必要な要素

全日本DM大賞も回を重ねるにつれて、「企業規模にかかわらず戦略がしっかりと考えられている」
というコメントが審査委員から多く寄せられるようになってきました。
DMのおもしろさは、五感に訴求できるリアルな媒体であること。
マーケターにとっての成功とは、顧客との継続的で良好な関係を保てるような戦略の構築。
そこでDMの場合、どのようにこの特徴的な媒体を活用していけばいいのか、
外封筒から内容品に表現されるクリエイティブ、そして実施効果についての考え方を説明します。

戦略・クリエイティブ・実施効果

　マーケティングコミュニケーションのほとんどは、ダイレクトマーケティングにより確立された戦略に基づいたものです。中でもDMには、ダイレクトマーケティングの要素（ターゲティング、オファー、コピー＆レイアウト、タイミング）がすべて含まれ、コミュニケーションの基本が凝縮されています。具体的には下記の6つです。

---

①複数のチャネルを使ってコミュニケーションとレスポンスを取る

②コンテンツの充実、個々のオファー、行動の喚起

③個々に届けられるコミュニケーション

④関連性がある双方向のやり取りで関係を継続する

⑤ターゲティングと分析にデータを取得し用いる

⑥測定可能な結果、成果、テストを通じた最適化

　DM施策を行うには、上記の6つを踏まえることはもちろんですが、その前に考えるべきなのは、「何のために行うのか」を明確にすることです。つまり、競合との関係、社会問題、生活者の意識などにおいて障害となっている課題について、ターゲットに対していかに向き合い、課題を効果的に解決するのかといった戦略を明確にすることが求められるのです。

　多くのマーケターが顧客への情報発信において犯しがちな誤りは、すべての顧客が価格の安さに関心を持っているだろうと考えることです。ほとんどの顧客にとってはその通りかもしれませんが、すべての顧客がそうではありません。顧客ロイヤルティは割引では築かれません。そうではなくコミュニケーションとサービスによって築かれることを認識し、顧客との関係を常に構築することを念頭に戦略を立案するべきです。

　今日では、メッセージ発信の目標は興味や認識を得ることではなく、「顧客行動を変化させる」ことにあります。経済的衰退が起こると、マーケターは多くの見込み客、販売、集客を生み出すコミュニケーションを行おうとします。その際、見込み客がブランドコミュニケーションを目にするだけでは十分でなく、見込み客がそのブランドに引き込まれ、行動を起こす必要があります。したがって、ブランディングで使用されたツールや手法によって行動が変化せず、測定できない場合、そのクリエイティブは失敗となるのです。

　データベースを活用したマーケティングコミュニケーションでは、価格以外の要素にも重点を置くことでロイヤルティを向上させ、顧客と長期的な関係を築いていきます。顧客が価格以外に期待しているものが次の5つ。①自分を顧客として把握してもらうこと②サービス③お知らせ④利便性⑤有用性。顧客は自分の名前が呼ばれるような特別扱いを望んでいます。つまり"ひいき"をしてほしく、特別なサービスを望み、情報の先取りがしたいのです。

　こうした要素を提供するために、オファーが考えられ、クリエイティブ表現においては、ターゲットとしている個人（BtoC）あるいは企業（BtoB）に向けて、情報が届きかつ行動を引き起こすものが求められます。

　以上のような観点で戦略を考えクリエイティブ表現に落とし込み、それがDM単体あるいは他メディアと併せて使用されたときに、目標に対してどう機能したのかによって成果が評価されます。そして、得られた成果を基に次の施策を考えます。このPDCAサイクルを回すことがさらなる成果につながっていきます。

　そうしたことの積み重ねにより、近年、全日本DM大賞の受賞作品が、国際的なアワードでも受賞するなど、日本のDMの力が高く評価されてきています。

第2部

徹底解剖!
成功する
DMの極意

第34回全日本DM大賞
入賞・入選作品

■基礎情報の記載事項
①企業概要（主な商品、サービス、ビジネス内容）
②主なターゲット顧客層
③ダイレクトマーケティングツールの通常の活用状況.

■なぜDMを使用したのか
今回の施策でDMを選択した理由、
および全体の中での位置付け

■staff略号
Adv 広告主担当者　　　　　　　　D　デザイナー
Dir　ディレクター　　　　　　　　C　コピーライター
Pl　プランナー　　　　　　　　　Pr プロデューサー
AE　営業　　　　　　　　　　　　I　イラストレーター
CD　クリエイティブディレクター　Ph フォトグラファー
AD　アートディレクター　　　　　Co コーディネーター

保護者のエンゲージメントアップで子どもの兄弟・友人の紹介を動機付け

親子の会話で絆を深める『受験生の母子手帳DM』

>> 広告主　東京個別指導学院
>> 制作者　フュージョン

staff　Adv 高山 卓嗣、笹嶋理恵子、中島 圭太　Dir 田村 亮子、木田 信一　AE 川口 潮奈

POINT 1

心を込めたお手紙を演出すべく来春の受験合格への願掛けの意味を込めて、あえて慶事用の切手を手貼りで郵送した。

POINT 2

親子コミュニケーションがうまくいかないときは、解決するための方法として塾の活用があることを伝えた。

左から、東京個別指導学院の早川剛司氏、中島圭太氏、
高山卓嗣氏、笹嶋理惠了氏、
フュージョンの川口潮奈氏、吉川景博氏

DM施策の全体図

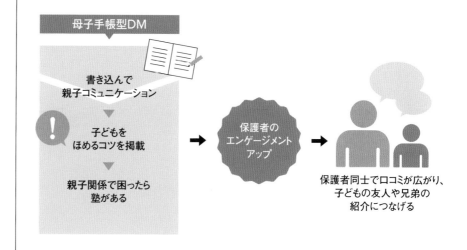

親の愛情の象徴とも言える「母子手帳」をベースにデザインしたことで、
勉強面の指導だけでなく、通塾生の成長を大切にする塾の姿勢が伝わり、
兄弟や友人の入塾紹介への大きな動機付けが生まれた。
入塾率は、通常の施策に比べておよそ2倍となった。

目的	通塾している子どもの保護者に、子どもの友人や兄弟を紹介してもらい、入塾につなげる
DMの役割	ロイヤルティの醸成、MGM
発送数	4800通
効果	入塾率は通常の施策に比べておよそ2倍。その一方で1人当たりの獲得コストは通常時の約3割で済んだ
ターゲット	入塾後3か月以内の受験生の保護者

戦略性

入塾後3か月内の保護者に向けて
エンゲージメントを高める

通塾している子どもの保護者に、子どもの友人や兄弟を紹介してもらい、入塾につなげるのが目的。

・マーケティング方針および販促企画

①子どもや保護者に「この塾に入ってよかった！」と感じてもらい、塾での学習モチベーションアップにつなげる。

②受験生である子どもとのコミュニケーションに課題を感じている保護者に、困ったときの相談先として塾を想起してもらう。

③保護者が子どもと向き合うきっかけを作り、塾へのエンゲージメントを高めてもらう。

④親同士や子どものコミュニティにおける塾の評価の拡散や、子どもの兄弟・友人の入塾検討につなげる。

・販促企画

紹介された子どもの「無料学習相談会」および「無料体験授業」。紹介してくれた保護者には、5000円金券をプレゼント。

・ターゲティング／リスティング

入塾後3か月以内の受験生の保護者。「3

か月以内」という時期は、担当する先生が決まって学習方針も固まり、学習へのモチベーションが高まるタイミングであり、紹介が発生しやすいことが、これまでのリサーチで分かっていたため。

クリエイティブ

DMに書き込みながら
親子コミュニケーションを促す

勉強面の指導だけでなく、子どもの成長を大切に考えている塾の姿勢を伝えるため、「母子手帳」のスタイルを模して作った。「母子手帳」は子どもの成長を見守る象徴的なもの。DMのコンセプトを「母子手帳」にすることで、塾の姿勢を保護者の気持ちに響くように伝えることができた。

「母子手帳」は、表紙を開くと見開きで、子どもの成長記録（志望校、得意科目、最近の興味関心事、いつもがんばっていることなど）と、長所を書き込むようになっている。記入を通して、保護者に子どもと向き合うきっかけを作ってもらおうという狙いだ。

次のページでは、親子コミュニケーションの大事なポイントや、子どもをほめたり認めたりするときのコツをまとめた。

さらにページをめくると、コミュニケーションがうまくいかないときに、解決するための

基礎情報

☑ **企業概要**
（主な商品、サービス、ビジネス内容）
個別指導教育を中心とした教育事業

☑ **主なターゲット顧客層**
小中高校生および保護者

☑ **ダイレクトマーケティングツールの
活用状況**
マス広告やネット広告がメインで、保護者とのダイレクトなコミュニケーションは各教室が担うことが多い

なぜDMを使用したのか
保護者のインサイトに寄り添うアプローチができる。

方法として塾の活用があることを伝えた。

「このように①親子コミュニケーションのきっかけを与える→②難しさを実感させる→③解決方法を伝える、というストーリーを構築し、塾へのエンゲージメントを高めました」(東京個別指導学院 マーケティング部 高山卓嗣氏)

入塾率は通常の2倍
塾の姿勢を理解した上で問い合わせ

入塾率は通常の施策に比べておよそ2倍、その一方で1人当たりの獲得コストは通常時の約3割で済んだ。

「入塾している子どもの保護者に向けて、エンゲージメントを高めるための施策は、これまで十分にはできていなかった面がありましたから、今回は大きな意義があったと考えています」(同部 中島圭太氏)

紹介を全面的に打ち出したDM展開も今回が初めてだったが、広告などほかの媒体経由に比べ、塾の姿勢や受験生への手厚いサポートなどをある程度分かった上での問い合わせが多く、"質"がとてもよかったという。

同社マーケティング部はマス広告などを主に手掛け、保護者とのコミュニケーションは各教室が行うことが多い。今回のDMは、同部が実施する施策内容について、見つめ直すきっかけになった。

「今回チャレンジしてみて、社内にあるリストを活用してできるマーケティング施策は、まだまだあると改めて気付きました。今回のDMを起点に、新たな施策に取り組んでいく考えです」(同部 笹嶋理恵子氏)

POINT 4

志望校、得意科目、最近の興味関心事などの子どもの成長記録や長所を書き込むページ。記入を通して、受験期になると難しくなりがちな親子コミュニケーションのきっかけづくりを促した。

POINT 3

子どもの友人や兄弟に手渡しでき、「無料学習相談会」および「無料体験授業」が受けられるチケットを同梱。

親子コミュニケーションで大切なこと

1. 受け入れる・共感する・認める・ほめるを忘れない

人は、否定されることなく、気持ちを受け入れてもらえると、「この人に話したい」という意欲がわき、安心して自分の気持ちも出せるように。
まずは、お子さまの言葉をたくさん受け入れましょう。そして、意識してほめるように心がけてください。ほめることは、「認められている」という気持ちにつながります。
また、叱るときには注意が必要です。まずは、受け入れて、そして冷静に叱るようにしましょう。

2. 頭ごなしのコミュニケーションはやめよう

頭ごなしに言われると、大人でも嫌な感情になりがちに。これが続くと、ストレスがたまるだけではなく、「話をしたくなくなる」状態になることも。
「あなたのことを知りたい」「なぜ興味があるのか教えて」という気持ちで、明るく前向きな言葉でコミュニケーションを取るようにしましょう。

3. 「決める」のは子ども本人。親はサポートに徹しよう

お子さまの「やる気」を引き出すポイントの1つは、「お子さま自身が決める」こと。言われてやったことは、不満につながりがちに。自ら選んで決めることは、その後の満足度や忍耐力、そして責任感につながります。お子さま1人で「決める」のはなかなか難しいことも。お子さまが自信を持って決められるよう、必要なアドバイスや情報を集めておくことが大切です。困ったときは、ぜひ教室を頼ってください。

お子さまを想うからこそよくないところに目が行きがちになりますが、意識して長所やよい行いに目を向けるようにし、ほめて・認めてあげましょう。

☑ ほめる・認めるチェックシート！

例えば

こんなことでほめて・認めてあげましょう。

- ☐ きちんと挨拶ができる。
- ☐ 時間を守っている。
- ☐ 部活や習い事をがんばっている。
- ☐ 集中して勉強に取り組んでいる。
- ☐ 途中であきらめなかった。
- ☐ 約束を守った。
- ☐ 将来のことを考えている。
- ☐ 興味のある学校について調べた。

ほめる・認める 3つのコツ	❶ ささいなことでもほめる ❷ 結果ではなく過程をほめる ❸ 具体的にほめる

ほめた・認めたことを忘れないでください。

心をこめてほめたこと、認めたことで成長を感じたこと、お子さまの反応や、新たな気づきなど、大切な想い出と一緒に書き留めておいてください。

04

長い受験生活、うまくいかないときは・・・

信頼できる第三者をうまく使おう！

子どもが親の言うことを聞かなくなるのは成長期の1つの段階。
違う角度からの働きかけや視点も重要です。

親
自分の気持ちを
伝えてくれる

東京個別指導学院
関西個別指導学院

子
子どもの気持ちを
聞いてくれる

何を信じてよいのか、困ってしまう前に・・・

確かな情報源を確保しておこう！

今の入試は保護者の方の時代とは違うため、ご自身が持つ常識や感覚だけで判断するのは限界です。各都道府県、各学校の入試内容は、毎年のように変わります。そのため、学校の進路指導や保護者間での噂、インターネットの情報などを集めるだけではなく、信頼できる情報源を確保しておくことがとても重要です。

「good enough mother」が
子どもの成長につながります。

イギリスの小児科医、ウィニコットは「good enough mother」という説を提唱しました。子どもにとって最高の親になろうとしすぎて、いろいろと口を出し、環境を提供しすぎることで、かえって子どもが自ら考え、自ら決定する力を削いでしまう、という考え方です。子どもは他の家庭との比較や世間体などで注意されることをとても嫌がります。
親はがんばりすぎず、完璧であろうとしすぎなくてよいのです。時に肩の力を抜き、時に子どもにまかせる「ほどよい母（good enough mother）」でいることが、自然に子どもの成長を促すことにつながります。

お子さまとの関係で悩んだときは・・・

遠慮なく私たちを頼ってください！

「受験生になったから」といって、急に受験生らしくなるわけではありません。受験する目的や志望校が芽生えてくることで、少しずつ受験生らしくなっていきます。とはいえ、お子さまのことを想えばこそ、口を出したくなったり、つい先回りをしてしまったり・・・。
そんなときは、私たちを頼ってください。東京個別・関西個別は、保護者の方と一緒にお子さまを見守り、導いていきたいと考えています。
志望校合格はもちろん、受験を乗り越えた先にあるお子さまの大きな成長を願って、スタッフ一同、全力でサポートします。何かございましたら、お気軽にお声がけください。

06

審査会の評価点

戦略性	/	★ ★ ★ ★ ★
クリエイティブ	/	★ ★ ★ ★ ★
実施効果	/	★ ★ ★ ★ ★

審査委員講評

母子の絆を連想させる「母子手帳」を取り上げた、受験生を持つ家族に寄り添ったDMです。親子のコミュニケーション機会を創出し、兄弟や友人の紹介を生み出すなど、塾とのエンゲージメントの引き上げに成功しています。　　　　　恩藏直人

このDMはズルい！もちろん、誉め言葉としてのそれですが。「母子手帳」というコンセプトをコアとして、受験生の子を持つ親の漠然とした不安、親としてこれでいいのかという葛藤に対し、安心を与えてくれる。わが子と共に受験という荒波に立ち向かうための「お守り」に感じました。正直に言って、わが子が受験生の間に、このDMに出会いたかった。受け取った人の「こころ、震わせた」DMだったのではないでしょうか。　　大角聡

DMのメディア特性をしっかり捉えて活かしており、決裁者である両親に共感を呼び、顧客とのコミュニケーションが図れています。友達紹介という難しい施策の成功事例としても素晴らしいと思います。特に、態度変容を2段階で起こせています。クリエイティブも母子手帳のような見せ方でシンプルで手に取りやすくわかりやすいです。　　　藤原尚也

・ DM診断 ・

ここが秀逸！

親の関与度を上げることがポイントとなる塾のDMで、母子手帳というアイデアが高く評価された。塾の集客施策では、無料体験や授業料の割引といったキャンペーンがありがちだが、母子手帳というアイデアを取り入れることで、子どものことをきちんと考えている塾だと認識させることができている。実際にこの母子手帳に記入してみると、子どもの教育について意識化できる点もポイントが高い。親を関与させる仕組みとして非常に新しく、実際にワークしているところがすばらしい。

"子どもがいそうな" 顧客をAIで抽出
長く続くサービス特典を人生ゲーム風に表現

AIを活用!
戦略的2段階DMで家族を囲い込み!!

» 広告主　ソフトバンク
» 制作者　ジェイアール東日本企画

staff　Adv 杉原渚　AE 内田敦大　SP 澤田学　CD 徳良聡司　AD 杉山隆　D 杉山智波　I 神森さくら

POINT
1

第1弾の「子育て応援クラブ」を訴求したDM。

左から、ソフトバンクの新井英成氏、杉原渚氏、竹内忍氏

DM施策の全体図

家族ぐるみのユーザーを増やしロイヤルカスタマー育成

既存顧客データ

AIで子どもがいそうな顧客を抽出

第1弾DM → 子育て応援クラブ加入促進

第2弾DM
クラブ加入者向け
キッズフォン加入促進

独自AI技術を使い、"子どもがいそう"な顧客を抽出しDMを送った。ロイヤルカスタマーとなる割合が高い家族利用を促す「子育て応援クラブ」への加入が目標の7倍近くに、また「キッズフォン」の契約が目標の1.7倍となった。

目的	「子育て応援クラブ」への加入
DMの役割	主に継続顧客化／顧客コミュニケーション／ロイヤル顧客化
発送数	100万通
効果	「子育て応援クラブ」の新規加入は目標に対して684%、「キッズフォン」の新規加入は目標比172%
ターゲット	0～12歳の子どもがいる既存顧客

戦略性

解約率が低い
家族ぐるみのユーザー

家族ぐるみの顧客は解約率が低く、ロイヤルカスタマーとなる割合が高いのは分かっていたものの、顧客の家族構成や子どもの年齢などの情報がないため、的確なターゲティングがなかなかできないでいた。

そこで、自社で稼働させているAI技術を使い、既存顧客の年齢などの情報から"子どもがいそう"な顧客を抽出し、2段階でDMを送付した。

・マーケティング方針

第1弾DMは、小学校以下の子どもがいる家族向けのサービス「子育て応援クラブ」を訴求した。第2弾DMは、第1弾のレスポンスを含む「子育て応援クラブ」加入者のうち、6～12歳の子どもを持つ親に向けて、子ども向け端末「キッズフォン」の利用を促した。

・販促企画

「子育て応援クラブ」は無料で加入でき、子どもの情報を登録することで、子どもの誕生月に親の通信料から初回3000円、以降、子どもが12歳を迎えるまで毎年1000円が割引になる、子育て世帯を応援するサービス。

また「キッズフォン」は、防犯ブザーやカメラ機能を搭載した子ども向けのケータイ。子どもの居場所を家族のスマホから確認することができる。

・ターゲティング／リスティング

自社のAI技術を活用し、既存顧客のうち年齢など複数の指標から、0～12歳の子どもが"いそうな"顧客を抽出し送付した。

クリエイティブ

形状を縦長にして
長く継続する特典を直感的に伝える

第1弾DMは、特典が子どもが12歳になるまで長く続くことを、視覚的かつ直感的に伝えるために、形状を縦長にした。

さらに、子どもの成長にともなって起こる家族の出来事を、親しみのあるテイストの家族イラストとともに時系列に配置し、あたかも人生ゲームのようなデザインで構成した。

「子どもの成長とともに、七五三や習い事などで何かとお金がかかるようになります。親の通信料から割引になることを分かりやすく伝え、親しみのあるイラストで"自分ゴト化"してもらえるよう工夫しました」（ソフトバンク　コミュニケーション本部　杉原渚氏）

「キッズフォン」を案内する第2弾DMは、第1弾と同じ親子のイラストを使い、子どもが小学生になるとひとり行動が増えるため、親子

基礎情報

☑ **企業概要**
（主な商品、サービス、ビジネス内容）
移動通信サービスの提供、情報端末の販売、固定通信サービスの提供、インターネット接続サービスの提供

☑ **主なターゲット顧客層**
オールターゲット

☑ **ダイレクトマーケティングツールの活用状況**
メール、SNS、DMなどあらゆるメディアをターゲットと目的に応じて使い分けている

なぜDMを使用したのか
きめ細かいターゲティングができ、効果検証やDMを送付しなかった場合との差などを明確な数字で把握できるため。

がより安心・安全に過ごせるよう「キッズフォン」の利用を勧めた。

「第1弾DMで訴求した「子育て応援クラブ」は、無料で特典が利用できるので、顧客

にとっては経済的負担がありませんが、第2弾で訴求した「キッズフォン」は料金がかかります。第1弾で見覚えのある家族のイラストが、次のDMで商品の宣伝をするのは、顧客の心理

的にどうなんだろうという意見はDM制作中に出ましたが、結果的に杞憂に終わりました。」

（同本部　竹内忍氏）

POINT
2

サービス特典が長く続くことを直感的・視覚的に伝えるため、見やすさや折りやすさも考え縦長の形状にした。了どもの成長にともなって起こる家族の出来事を時系列に配置し、あたかも人生ゲームのようなデザインで構成した。

POINT
3

親しみのあるテイストの家族イラストを使って、どれくらいお得なのかを分かりやすく伝えた。

実施効果

「子育て応援クラブ」加入は目標の7倍近くに 「キッズフォン」契約は目標の約1.7倍

「子育て応援クラブ」への新規加入は、目標に対して684%、また「キッズフォン」の新規加入は目標比172%となった。

今回のDM展開によって、「子育て応援クラブ」への申し込みが多数あるとあらかじめ見込み、窓口態勢を強化して対応したにもかかわらず、見込みを上回る申し込みがあったため、窓口が一時パンクしてしまうほどだったという。

第1弾、第2弾ともに同じイラストを使ったことも成功の要因だ。第2弾の開封率が88%と高かったことは、第1弾で見覚えのあるフレンドリーな感じのキャラクターが、第2弾でも描か

れていたため親近感が醸成され、開封率アップにつながったとソフトバンクでは分析している。

DMのクリエイティブは、社内の営業部署からも高評価を受けた。「DMの呼びかけるようなコピーがグッとくる!」という営業部署からの意見を受け、DMをA4サイズにリサイズして「子育て応援クラブ」のオフィシャルチラシを作り店頭に配備した。これまでチラシをベースにDMを作成することはあったが、DMをベースにチラシを作成することは、今回が初めてだったという。

ソフトバンクはDMを継続的に活用しているが、その理由について同本部の新井英成氏はこう話す。

「DMはきめ細かいターゲティングができ、効果検証やDMを送付しなかった場合との差などを明確な数字で把握できるのが継続利用している理由です。」

POINT 4

「キッズフォン」を案内する第2弾DMでも、第1弾と同じ親子のイラストを使った。顧客にとってはなじみのあるキャラクターなので、親近感が醸成され、開封率アップにつながった。

審査会の評価点

戦略性	/	★ ★ ★ ★ ★
クリエイティブ	/	★ ★ ★ ★ ☆
実施効果	/	★ ★ ★ ★ ★

審査委員講評

赤ちゃんの頃から情報を取得し、5年先・10年先・20年先のターゲティングまで見据えた素晴らしいDMです!クリエイティブも子育て中の親が好きそうな「イラスト＋人生ゲーム」のデザインでとても分かりやすかったです!SMSとの連動など通信キャリアならではのクロスメディアも素晴らしいです! 　　加藤公一レオ

「家族を囲いこめれば解約率が下がる」という戦略の下、「まずは家族の情報を取る」という戦略の実行手段としてDMを利用。「全員」を狙いがちな携帯電話会社が緻密なセグメンテーションに基づく戦略的発想を真摯に実行したことを高く評価したいです。 　　佐藤義典

効くDMの重要な要素である「ターゲティング/セグメンテーション」部分にAIを用いたDMです。生活者のデータを企業が保有し、そのデータを生活者のためになるものとしてフィードバックすることが当たり前になっていく今後、このようなAIの使い方そしてそれに基づいたDMが増えていくと思います。その先駆的なDMだったといえると思います。そして、実はこの"ほんわか"したタッチの家族の絵も、マスにてしっかりソフトバンクブランドが確立しているだけに、柔らかく自分にだけメッセージングしてきている感をうまく出すことにも成功していたのではないかと思えます。 　　大角聡

・DM診断・

ここが秀逸!

DMそのものよりもDMに落とし込んだ戦略自体が非常に優れており、実施効果も高かった点が評価された。どの携帯電話会社も顧客の家族を囲い込む施策を展開しているが、子どもが12歳になるまで毎年子どもの誕生月に通信料を割引するという形で、子どもが携帯電話を持ち始めるかなり前の段階から囲い込むことができている。さらに、利用を迷っている顧客に向けてフォローDMを送ることで、全体のパフォーマンスを底上げしている。仕組み自体はシンプルだが、高い効果が得られている。

真っ赤な屏風と木槌で新年を演出
店頭体験を想起させ来店意欲を高める

毎年進化する「型破り」なAudi正月DM

》 広告主　アウディ ジャパン
》 制作者　電通デジタル

staff　Adv 天野一登、坂部晶了　CD 二井内洋一　AD 野田澤聡、岩丸修　C 澁谷篤　Pr 齋藤圭祐、相澤武雄　Co 小野健一

POINT 1
日本らしい木槌を、ディティールの造り
までこだわった質の高いDM。

POINT 2
ひと目でシーズナル（正月）を感じさせるおめでたい
印象。同時に「新年の初売り」も想起させる。

POINT 3
DM同梱の木槌を持って販売店へ行く
と、店頭で鏡割りが体験でき、Audi
特製オリジナルグッズがもれなくもらえ
る。DM全体のスキームやクリエイティ
ブが顧客に驚きを与え、来店きっかけ
を作り出すことができた。

Audiショールームで新年の運試し。
鏡割りチャレンジでオリジナルグッズをプレゼント。

実施期間｜2019年1月5日(土)～1月14日(月/祝)

[賞品例]

「オリジナルかるた」　「オリジナルパズル」　「オリジナルバランスゲーム」　「防水機能オリジナルラベル」

DM施策の全体図

本施策とDMに込められた意外性・メッセージ

Audiオーナーや見込客などの各販売店顧客を対象に、店舗への集客の最大化を図った。DMに込められた"驚きとメッセージ"が来店動機を誘発し、DMが来店と店頭体験への導線として機能した。来場者数、販売台数ともに目標を大きく上回る結果となった。

目的	販売店におけるSUV「Audi Q2」の販促施策「Audi New Beginning Fair」への集客
効果	来場者数および販売台数いずれも目標を大きく上回った
ターゲット	Audiオーナーや見込客などの各販売店顧客

戦略性

クリエイティブ、店頭体験、グッズ すべてで"型破り"を施策全体で貫く

AudiのSUV「Audi Q2」と日本的な「新年の初売」を訴求するDM。オーナーや見込客などの各店顧客を対象に、全国各地の販売店で展開された販促フェア「Audi New Beginning Fair」への集客の最大化を図った。

訴求対象となったモデル「Audi Q2」は、Audiと分かる特徴は残しつつ、Audiらしさの中に新たなデザイン言語を取り入れ、個性的なエクステリア、徹底的に追求した取り回しの良さ、数々の先進装備などをあわせ持ち、これまでのAudiとは一線を画す"型破り"なクルマだ。

DM施策においても、その"型破り"なイメージを、クリエイティブ、店頭体験、オリジナルグッズのクオリティなど施策全体で貫いた。

・マーケティング方針

DMに込めた"驚きとメッセージ"で顧客の来店動機を誘発させ、DMを「来店と店頭体験への導線」として機能させた。

・販促企画

販売店におけるSUV「Audi Q2」の販促フェア「Audi New Beginning Fair」の展開。

・ターゲティング／リスティング

Audiオーナーや見込客などの各店顧客。

クリエイティブ

実際にアクションを起こしてもらう 仕掛けをベースにDMを設計

透明な外箱で、開封しなくても赤屏風の上にセットされた木槌が見える。ひと目でシーズナル（正月）を感じさせるおめでたい印象と同時に、「新年の初売り」も想起させるデザインだ。日本らしい木槌を、ディティールの造りまでこだわった質の高いDMにはめ込むことで、"意外性"と"強いメッセージ"を伝えた。

DMに同梱の木槌を持って販売店へ行くと、店頭で鏡割りが体験できる（実際に鏡割りに使うのは、販売店に用意されている木槌）。

店頭には4つの樽が用意されており、樽をひとつ選び木槌で開くと、Audi特製オリジナルグッズ（「かるた」「ゲーム」「飴」など）のどれかがもれなくもらえる。鏡開きする部分は磁石を使った作りにして、来場者が失敗せずにスムーズに開くよう工夫されたものだ。「DMを受け取ったときに『何だろう?』と思ったり、意外性を感じてもらいたいと思って考えました。同時に、

顧客に実際にアクションを起こしてもらえることを大事にしたかったので、販売店に行って鏡割り体験してもらうというスキームにしました」（アウディ ジャパン マーケティング本部 坂部晶子氏）。

POINT
4
特製オリジナルグッズの内容は、DMであらかじめ伝えておいた。「シンプルで美しい」が、グッズ制作の基本的コンセプト。

実施効果

来場者数、販売台数ともに目標を大きく上回る

　販売店への来場者数および販売台数は、どちらも目標を大きく上回った。DMを受け取った人からは「さすがAudi。今年も予想外のDM」「プレミアムブランドの常識を覆す」などと、"驚き"と"好感"を持って受け入れられた。「DMのクリエイティブや店頭での鏡割り体験など、施策全体を通して、ブランドにより親しみを持ってもらえ、商談につながりやすくなったと感じています」（坂部氏）

　オリジナルグッズは、ニュースのポータルサイトにも取り上げられ話題が拡散。SNSでも、鏡割り体験者がグッズの写真などを投稿しながら、楽しんだり驚いたりした気持ちを伝え、エンゲージメントにつながる実感をともなったシェアとなった。「情報発信がデジタル化されていく環境下でも、質量をもって顧客の手元に届くDMは、情報をわかりやすく届けるのみならずブランドの世界観も直観的、体感的に伝えられるツールとして考えている。また今回のように意外性をフックとする一方で、紙の質感やデザインなどクオリティを担保することでブランドの魅力を高めてもいける。今後はデジタルとの連動も高め、より効果をあげることも意識したい」と坂部氏は話す。

28

審査会の評価点

戦略性	/	★ ★ ★ ★ ⭒
クリエイティブ	/	★ ★ ★ ★ ★
実施効果	/	★ ★ ★ ★ ★

審査委員講評

お正月のイベント集客に「型破り」な新車と「鏡割り」を掛け合わせ、鏡割りの木槌をわかりやすく訴求、イベント参加やゲットした賞品の体験のSNS拡散など、毎年開催イベントを通じた関与度向上も計算されています。　椎名昌彦

「型破り」という商品ブランドのメッセージは一貫性を保ちつつ、お正月の時事性モチーフをうまくとりいれ、実際に鏡割りをやってみて気持ち良いという高品質な体験に落とし込めていることが印象に残りました。　山口義宏

とにかく店頭に来てもらうためのDMとしては、とてもよくできていると思います。鏡割りをやってみたいという人間の心理をうまくついていますね。デザインもシンプルで洗練されています。　秋山具義

・DM診断・

ここが秀逸!

クリエイティブの完成度と実施効果の高さが評価された。新車の案内とお正月というタイミングに合わせて小槌が送付され、それを持って店舗に行くと鏡割り体験ができるということが、非常にシンプルで分かりやすい。送付されてきた小槌を見るだけで、直観的にどうすればいいか分かるところが良かった。鏡割りの仕掛けも、木の蓋がきれいに3つに割れるようになっており、きちんとできている。Audiブランドとの統一感も取れており、ブランドリレーション構築の一環としても機能している。

金賞
GOLD

パウチサンプル入りアドベントカレンダーで
60％超えのレスポンスを達成

ベルメゾンからのお試しコスメ
クリスマスプレゼント

≫ 広告主　**千趣会**
≫ 制作者　**フュージョン**

staff　Adv 大久保恵子、河本千恵、畑中仁美、宇野潤士　AE 吉川景博　Pl 木田信一　CD 佐藤雅美

POINT 1
クリスマスカードが届いたことが
一目でわかるデザインに。

POINT 2
開くとたくさんの商品の説明があり、
ワクワク感が高まっていく。

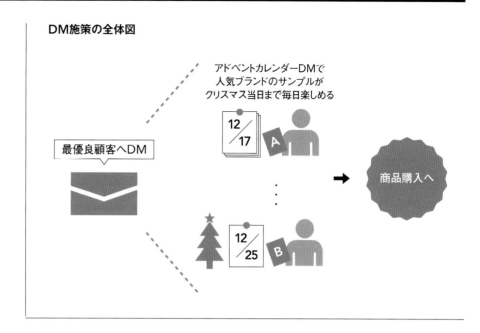

DM施策の全体図

アドベントカレンダーDMで
人気ブランドのサンプルが
クリスマス当日まで毎日楽しめる

最優良顧客へDM

12/17　A

商品購入へ

12/25　B

ベルメゾンでコスメを購入していただける優良顧客への感謝の気持ちを伝えるとともに、
カタログやネット以外での直接接点のひとつとしてDMを展開。
顧客のロイヤル化と売上の拡大を狙った。

目的	主に優良顧客のロイヤル化、継続顧客化
DMの役割	優良顧客へ感謝の気持ちを伝える
発送数	500通
効果	1か月以内に60%以上がコスメを購入、優良顧客の囲い込みに成功
ターゲット	ベルメゾンのコスメカテゴリーの最優良顧客の一部

戦略性

データ分析で最優良顧客を選定
ストーリーのあるDMで特別感を演出

　コンビニでもコスメを購入できる環境の中で選び続けてくれている優良顧客に感謝の気持ちを伝えることに。通常のDMはマーケティング部門の担当であるが、コスメ部門の担当者が制作することで、顧客に寄り添ったDMに仕上げた。

・マーケティング方針

　『コスメキューブ』は2000年に発刊して以来、名前やコンセプトが変わることなく続いてきたベルメゾンのコスメカタログだ。コスメを購入する場としてベルメゾンを選んでくれる優良顧客に対して感謝を伝えるとともに、顧客のロイヤル化を狙った。またこれにより、コスメは消費財であるため、購入頻度や個数を増やしてもらうきっかけを作った。

・ターゲティング／リスティング

　直近1年のデータから、購入回数や購入金額の多い顧客の購入データを分析。どんな人がどのブランドの商品を、どのように購入しているか、仮説を立て綿密に分析し、最優良顧客を定義づけすると2000人ほどがあがった。メーカーに協賛いただくパウチサンプルの個数や費用の面から、実行にあたり500人に絞った。

クリエイティブ

たくさんのパウチサンプルと
愛らしいギミックでワクワク感を醸成

　DMは12月に送付するため、届いた瞬間からワクワクするようなクリスマスカードになるように企画が進んだ。そこで、同社のメイン顧客層の40代、50代の女性にはサンプルの需要が高いことから、コスメのサンプルパウチを同梱することに。

　これをアドベントカレンダーにすることで、クリスマスまでの日にちを楽しみに過ごせる仕組を作った。はじめはパウチを箱に入れるなどの案もあったが、打ち合わせを重ねた結果、封筒は透明なPPにして、かわいいカードが見えるように。コストを抑えつつも、届いた瞬間から開くたびにワクワク感が高まるような演出に成功。アドベントカレンダーのデザインも細部までこだわり、パウチを外すとうさぎや小鳥が出てくるなど、愛らしいギミックを散りばめた。パウチをすべて取り外した後も、部屋に飾れるものを目指した。

　また、通常は印字するあて名も今回は500通全てをスタッフが手書きした。隅から隅まで優良顧客への感謝の気持ちを込めた。

　今回のDM制作にあたって、各ブランドにパウチの提供を依頼。しかし、こうしたDM

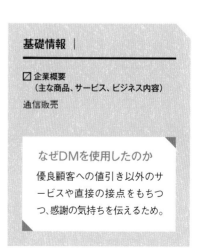

基礎情報

☑企業概要
（主な商品、サービス、ビジネス内容）

通信販売

なぜDMを使用したのか
優良顧客への値引き以外のサービスや直接の接点をもちつつ、感謝の気持ちを伝えるため。

の企画は初めての取り組みであるため、初めは「何をするの？」と困惑されることも。一社ずつ丁寧に企画の説明をしたことと、長年の信頼関係から各ブランドから協力を得ることができた。また、顧客に必ず喜んでもらうために、「500パウチの提供が可能」「ベルメゾンで取り扱っている、人気商品」にこだわった。すると、自然とベルメゾンで売り上げがトップ15に入るものが集まった豪華なラインナップとなった。

実施効果

6割以上の人がコスメを購入 ベルメゾン全体の売り上げにも貢献

DMを発送して1か月の間に、コスメにおける最優良顧客500人のうち約60％以上の人がコスメを購入した。さらにコスメ以外のものを購入した人を含めると70％を超え、優良顧客の囲い込みに成功。

「コスメと洋服」など様々なものを一緒に購入出来る利便性はベルメゾンの強みのひとつ。買い物をするときにベルメゾンを選択肢にしてもらうことが会社としては重要だ。今回のDM施策はコスメの優良顧客に向けたものだったが、結果としてベルメゾン全体の売り上げにも貢献する、効果的な施策となった。

通常、DMの制作はマーケティング部が行うが、ベルメゾンでは商品関係のDMはその部門の担当者が行っている。それぞれの顧客のことを深く理解している担当者が制作することで、一気通貫した企画を立て、高い効果を出すことを可能にしている。

課題として残ったのは、数字以外での顧客の声の回収の仕組み作り。DMを送付した顧客の購買データを追い、数字としては高い結果を得たが、DMを受け取ってどう感じたかや、企画意図通りクリスマスのカウントダウンとして楽しんでいただけたかなど、直接の声を受け取ることができなかった。DM対象の40代、50代の年齢層はSNSをアクティブに利用する人が少ないことも一因となった。

今後も顧客の心に寄り添った、丁寧で心のこもったDM施策を検討し、実施し続けたい。

POINT 3
アドベントカレンダーに出てくる、3姉妹の猫のプロフィールも紹介。

POINT 4

クリスマスツリーにはたくさんのコスメが飾られ、クリスマス気分をさらに盛り上げる猫のストーリーも。

POINT 5

パウチを取るたびに猫や鳥が現れる。三姉妹の猫をみつけられたらラッキーデーかも、という設定のもと、細かなギミックを散りばめた。

POINT 6

まずは髪をきれいに、次は目元、最後の25日はパーティで楽しんだ後にはふき取りクレンジングでさっぱりしてね、とパウチの順番にもストーリーをもたせた。

POINT 7

パウチがなくなっても飾っておきたくなるような、ピンクを基調にしたかわいらしいデザインに。

審査会の評価点

戦略性	/	★★★★☆
クリエイティブ	/	★★★★★
実施効果	/	★★★★☆

審査委員講評

人気ブランドの様々なサンプルをツリーの飾りに見立て、壁に飾って毎日使用を促すクリスマスならではのアイデアが秀逸です。優良顧客へのサプライズプレゼントがロイヤルティ向上に貢献しつつ、購入にも奏効しています。

明石智子

クリスマスに向けて、毎日さまざまな種類のスキンケアのサンプルを試用しながら、自分がどんどんきれいになっていき、それがクリスマスツリーに可視化されていく。ビューティとクリスマスに向けた「楽しみ」を重ね合わせた時系列のユーザーストーリーが素敵すぎます。

木村健太郎

試供品のサンプリングを、提供方法の視点を変えることで遊び心に満ちた企画に変えているのが面白いです。これぞアナログのDMならではの手法だなと感じました。

徳力基彦

・DM診断・

ここが秀逸!

クリスマスというイベントと、アドベントカレンダーという仕掛けをミックスし、もらってうれしいDMに仕上がっている。ロイヤルユーザーに対して顧客満足度やロイヤリティを上げる仕掛けであると同時に、いつも購入している商品以外も試せるようになっており、クロスセルの仕込みにもなっている。複数の思惑を一つにまとめあげた、優れたパッケージ。

デジタルでの行動履歴を基に
パーソナライズしたDM

ゆこゆこ
WEB閲覧パーソナライズドDM

》広告主　ゆこゆこホールディングス
》制作者　ゆこゆこホールディングス、大日本印刷

staff　Dir 岩上一也、秋本恭司　Pr 小堺秀真　AE 熊崎英行

POINT 1
会員がネットで見た温泉宿情報をDMに印刷。1枚1枚異なる内容で、会員にとっては、完全にパーソナライズされたDMである。

POINT 2
DMの発送タイミングは、会員がネットで温泉宿を閲覧した翌週の月曜日。数日前に見た情報が届くので「既視感」があり、行動喚起につながりやすくなった。

戦略性

**会員誌データとサイト閲覧行動を
組み合わせたハイブリッドアプローチ**

　会員がサイト（ゆこゆこネット）で見た温泉宿の情報を最短3日後に手元に届けるという、「コンテンツ」と「送付タイミング」の両者を、大日本印刷のソリューション活用により実現。会員一人ひとりに対してパーソナライズすることで、旅行喚起と宿泊意欲の促進を狙った。

　サイトで温泉宿の情報を見た会員に対して、会員自身が見た温泉宿の情報をDMに印刷して、サイト閲覧の翌週月曜日に送付。会員にとっては、数日前に自分自身がネットで見た情報がDMで届くため、旅行への喚起と宿泊意欲を強く醸成させることができた。

　ゆこゆこホールディングスは、会員誌の定期送付によるアプローチと、ウェブサイト「ゆこゆこネット」を中心としたデジタル面でのアプローチを展開しているが、これまで会員誌かウェブサイトかの択一的なアプローチに

なってしまいがちだったという。

　そこで、会員誌において20年間にわたって培ってきた各種データと、会員のウェブサイト閲覧行動データを組み合わせ、"ハイブリッドなアプローチ手法"として今回のDMを実施した。

クリエイティブ

**既視感のある温泉画像を大きく掲載
One to Oneで伝えて行動喚起**

　会員がゆこゆこネットで閲覧した宿泊施設2軒の情報を、DMハガキ裏に掲載。それぞれの施設について、露天風呂または大浴場の画像を大きく載せ、あわせておすすめ宿泊プランと料金も記載した。

掲載写真は、会員誌やネットで蓄積してきた画像の中から選んだ。選択のポイントは"シズル感"。施設の外観や客室、料理ではなく、より温泉"シズル感"が伝わる露天風呂や大浴場の画像だけを掲載した。

　会員にとって、DMに印刷されている温泉宿情報は、自分が数日前にネットで見た"既視感"のある情報だ。記憶にまだ残っている情報をDMで改めて提案することで、行動喚起につなげることができた。

実施効果

**平均コンバージョン率は
チラシの約2.5倍**

左から、
ゆこゆこホールディングスの小堺秀真氏、岩上　也氏、
大日本印刷の秋本恭司氏、熊崎英行氏

DMの役割	主に見込客育成
発送数	3万通
効果	約5か月間の実施で、従来のチラシ送付と比較して、平均コンバージョン率が約2.5倍
ターゲット	ウェブサイトで宿泊施設を閲覧した履歴があるゆこゆこ会員

基礎情報

☑ **企業概要**（主な商品、サービス、ビジネス内容）
宿泊予約事業、温泉メディア事業など

☑ **主なターゲット顧客層**
50代、60代をメインとした"マチュアシニア"世代

☑ **ダイレクトマーケティングツールの活用状況**
会員誌をメインに、お得プランなどを掲載したチラシなどの送付を年間を通じて実施

なぜDMを使用したのか
会員の直近の興味・関心に沿った提案をOne to Oneで実現させるため。

POINT 3
写真は温泉宿の"シズル感"が醸し出せるよう、宿の外観や料理ではなく大浴場や露天風呂。

POINT 4
ハガキ表面に1000円の割引クーポンを印刷し、顧客の行動を後押し。

　DMの「コンテンツ」と「発送タイミング」の両者をパーソナライズして送付したことが奏功し、約5か月間の実施で、会員誌の掲載情報よりもお得な情報を載せて送付しているチラシに比べ、平均コンバージョン率が約2.5倍となった。
　今回の取り組みによって、これまで十分なアプローチがなかなかできないでいたネットで温泉宿を閲覧している会員に対しても、効果的なコミュニケーションが取れるようになった。

審査会の評価点

戦略性	★ ★ ★ ★ ★
クリエイティブ	★ ★ ★ ★ ☆
実施効果	★ ★ ★ ★ ★

審査委員講評

お客様がWEBで直近に見た宿を、ハガキで印刷して送るという、お客様に「刺さる」仕掛けで高い効果を上げました。「住所を持っている」こと自体が重要な「資産」であり競争優位になることを再認識させてくれる良い仕組みです。　佐藤義典

・DM診断・

ここが秀逸！

会員がインターネット上で直近に閲覧した宿泊施設の中からおすすめの宿を選定し、露天風呂の画像とクーポンをハガキに印刷して送付する、データ活用系のパーソナライズドDM。クリエイティブのパーソナライズだけではなく、送付タイミングのパーソナライズも行ったことで、通常のチラシによるコンバージョンと比較してはるかに大きな成果を得た。

「楽しく捨てる」をデザインして印象に残した

フライング年賀状

» 広告主　アンティー・グループ
» 制作者　アンティー・ファクトリー

staff　PL 福田静　AD 轟最之　D 立花晃隆、原田ゆい　C 堀田祐介（コピーライティング）、福田静（ネーミング）

POINT
1

一見、ただの幾何学模様のデザインのはがきだが、飛行機を折ると「FLYING !!!」の文字が浮かび上がる。

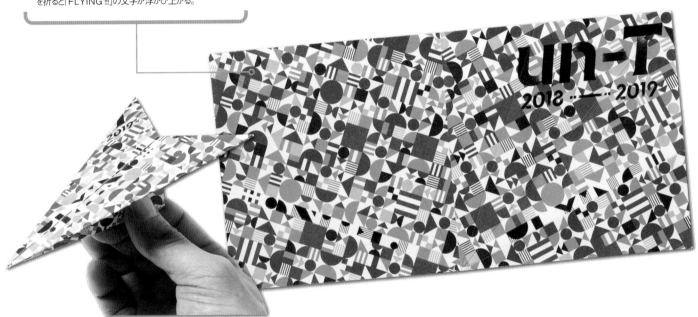

戦略性

形には残らずとも印象に残る年賀状で顧客とのコミュニケーションを図った

　WEBを生業とする同社から年賀状を出すかどうかというところから話が始まったこの企画。東京本社はもちろん、名古屋、大阪、宮崎など全社でコンペを開催。そこで、テーマとして社長から出されたお題が「改元の年。物事を面白く受け取って愉快に行こう！後ろ側から見てみるという、ゆとりをもとう！」。年始のご挨拶という年賀状の性質上、効果測定などが難しいため、目的や目標は明確に設定をしなかった。しかし、「年賀状とはどんなものか」「受け取ったらどう感じるか」など、原点に立ち返り、もらった人がこちらの意図通りに動いてくれるようなデザインをすることで、印象に残すことを目指した。ま

た、WEBの会社だからこそ紙で送ることや、動画を制作することでできることの幅の広さをアピールした。

クリエイティブ

埋もれないこと
そして、楽しんで捨ててもらうこと

　目指したのは、たくさんの年賀状の中に埋もれないこと。そして、どうせ捨てられるものならば、それ自体をポジティブに変換すること。

　そこで、年賀状を二つの意味でフライングさせることに。まずは年賀状の送付時期を早めてフライング。物理的にも埋もれさせないことで手に取ってもらう機会を増やした。もうひとつは年賀状を折って飛行機にしてもらうことでフライング。そして、そのままゴミ

箱へシュートして楽しんで捨ててもらえるように設計した。

　また、確実に折ってもらえるように、不規則な幾何学模様に、指定通りに折ると現れる隠し文字をデザイン。また、折り方とよく飛ぶ方法を紹介した動画を作成し、QRコードを記載した。

実施効果

コミュニケーションを増やすことに成功そして案件受注へ

　今回、一足早く年末に送ったことで、「フライング届きました。今年もお世話になりました」「フライングして届いてるなーと思ったら…完全に思う壺でした」といったメールがぞくぞくと届き、これまでにはなかった顧客とのコミュニケーションのタイミング作り

左から、アンティー・ファクトリー福田静氏、轟最之氏、立花晃隆氏、
原田ゆい氏、堀田祐介氏

目的	主に継続顧客化、休眠顧客の活性化など
DMの役割	顧客コミュニケーション
発送数	1500通
効果	「フライング届きました」と年末の挨拶とともに連絡をもらい、コミュニケーションのタイミングが増えた。また、案件受注につながった
ターゲット	既存顧客、潜在顧客

POINT
②
折り方とよく飛ぶ方法を紹介した動画を作成。QRコードを読み込むことで見られる。

基礎情報 |

☑ 企業概要
（主な商品、サービス、ビジネス内容）
WEBサイトの制作を中心に、システム構築やグラフィック制作、サービス開発にも携わる。

☑ 主なターゲット顧客層
個人事業主から企業まで

☑ ダイレクトマーケティングツールの活用状況
ほとんどなし。今回も、年賀状を出すかどうかというところから話が始まった。

> なぜDMを使用したのか
> 年末年始のご挨拶。また、WEBの会社だからこそ紙で出すことで、できることの幅の広さを伝えた。

に成功した。なかには届いた年賀状を写真に撮って送ってくれた会社も。さらに「ちょうどよかった、年明けに相談したいお仕事があります」と案件の受注につながった。

今回のDMを担当したアンティー・ファクトリーの福田静氏は「次に作るなら、できることをアピールできるようなアイデアが出せればいいなと思います。WEBの数字を解析できるリサーチコンサルティングチームがいるので、数字を狙ったものにしたり。グラフィックデザイナーも増えましたし…いろいろと掛け合わせて面白いことができるといいなと思っています」と話した。

審査会の評価点

戦略性	/	★★★★☆
クリエイティブ	/	★★★★★
実施効果	/	★★★☆☆

審査委員講評

年賀状は、公式なあいさつだから必ず目を通すしすぐには捨てられにくいという習慣上のメリットがある反面、多くの年賀状が集中してしまうというタイミング上のデメリットがあります。この「習慣」と「タイミング」のいいとこどりをしている点が秀逸です。 木村健太郎

・ DM診断 ・

ここが秀逸!

「フライング年賀状」のフライングには、折って飛ばすということと、年賀状なのに年末に届くという二つの意味が掛けられている。その結果、ほかの年賀状に埋もれず、手に取ってもらえるものになっており企画として優秀で、クリエイティブが高く評価された。制作会社として、企画力の高さも示せたのではないかと考えられる。

パーソナライズDMをフルオンデマンドで運用し、2回目継続率が向上

顧客の「今」をパーソナライズ。新規顧客フォローDM

》 広告主　アテニア
》 制作者　大日本印刷（DNP）、DNPコミュニケーションデザイン

staff　Adv 小巻陽子、池田絵理子、川口夕貴、小山嵩砥、田村理華　PI 富岡直人　Dir 鳥海里江　CD 堀田詩帆

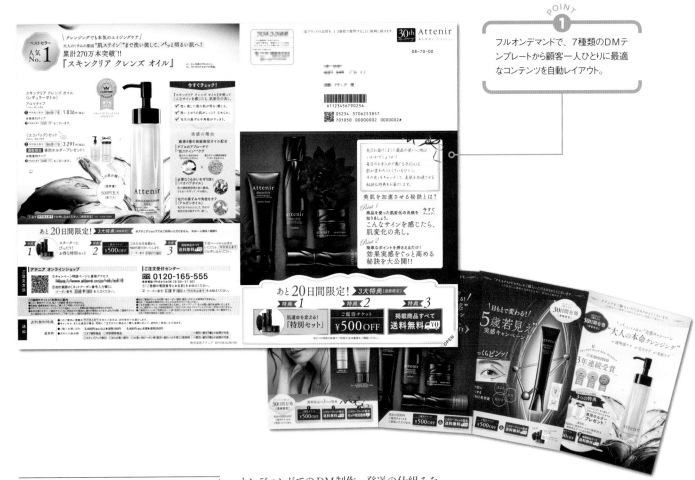

POINT 1

フルオンデマンドで、7種類のDMテンプレートから顧客一人ひとりに最適なコンテンツを自動レイアウト。

戦略性

フルオンデマンドによるパーソナライズで継続率アップ

40代以上の女性をターゲットとしたエイジングケア化粧品を展開するアテニア。新規顧客の獲得のために広告商品ラインナップを拡大したことから、2回目の継続につなげるアプローチとして、嗜好が異なる顧客それぞれに向けた内容のDMを、購入時期に合わせた最適なタイミングで細分化し出し分ける必要があった。しかも、新規顧客数は随時変動する。従来の手法ではコスト効率が悪く、在庫リスクも高い。そこで、単価が印刷ロットに依存せず、在庫管理の必要もない、フルオンデマンドでのDM制作、発送の仕組みを構築。DMテンプレートを従来の3種類から7種類まで増やし、顧客の属性や行動のデータから最適なコンテンツを自動レイアウト。訴求内容と発送タイミングのパーソナライズを図った。

クリエイティブ

購入商品への納得感醸成とクロスセル商品への興味喚起を工夫

新規顧客が購入した広告商品や、クロスセルをねらって同梱したサンプル品の特徴と使用期間から、DMの送付タイミングや掲載にベストな商品、訴求内容、デザインなどを選定。購入した広告商品に対する納得感の醸成とクロスセル商品への興味喚起をねらい、効果の実感ポイントやクチコミ、評価ポイントを盛り込んだ。また、商品やブランドに対する興味関心が最も高まるタイミングでの意識づけを目的に、DMに先行して広告商品別にリーフレットを商品同梱。また、DMそれぞれの訴求内容に応じた情報とクリエイティブで構成された専用キャンペーンサイトも用意し、QRコードやURLで誘導、一貫した顧客体験を設計した。表紙には、購入した広告商品の画像をダイナミックに配置し、開封率アップをねらった。

左から、DNPコミュニケーションデザインの富岡直人氏、
大日本印刷（DNP）の柏崎敏幸氏、
アテニアの小巻陽子氏、池田絵理子氏

目的	継続顧客化
DMの役割	リピーターの獲得
発送数	110000通
効果	2回目継続率が最大4.6%向上
多媒体との連動	キャンペーンサイト
ターゲット	広告商品を購入した新規顧客

基礎情報

☑ 企業概要
（主な商品、サービス、ビジネス内容）
エイジングケア化粧品の販売

☑ 主なターゲット顧客層
40代女性

☑ ダイレクトマーケティングツールの
活用状況
継続顧客化やクロスセル、継続顧客との
コミュニケーション、アップセルなど多方面
でDMを活用

なぜDMを使用したのか
紙媒体ならではの高い表現力や、
ネット上のみのコミュニケーショ
ンでは叶えられない高いレスポン
ス率などに期待しているため。

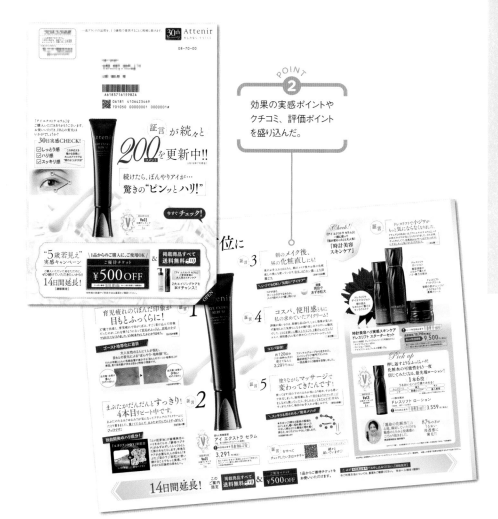

POINT 2
効果の実感ポイントや
クチコミ、評価ポイント
を盛り込んだ。

実施効果

DMのレスポンス率は21.82%
2回目継続率は最大4.6%向上

　約4カ月で11万通を発送し、注文数は2万4千件。DMとしてのレスポンス率に換算すれば21.82%。タイミングとクリエイティブのパーソナライズにより、顧客と商品やブランドとの距離を縮めることで、高い実施効果を得た。結果として新規顧客の2回目継続率は、最大で4.6%向上。広告商品のリピート購入に加え、アップセルやクロスセルにもつなげることができ、LTVも向上した。

審査会の評価点

戦略性	/	★★★★★
クリエイティブ	/	★★★★☆
実施効果	/	★★★★★

審査委員講評

リピート率とLTV向上のために、DMのコンテンツとタイミングを徹底的にパーソナライズする、というテーマに真正面から取り組んでいることがすごい。DMのオンデマンド化を実現して単価削減と継続率向上に結びつけています。
椎名昌彦

・DM診断・

ここが秀逸!

フルオンデマンドのデジタル印刷を使い、一人ひとりの顧客に対して、過去の購買パターンからベストなタイミングで最適なコミュニケーションを行っている事例。DMを営業ツールとしてしっかり位置づけ、丁寧に仕組みをつくっている。2回目の継続率が大幅に向上し、高い効果が得られているところも評価。

ポイント失効を切り口に、
休眠顧客を復活

DMと電話の併用で
離反会員の再来店率約19%アップ

» 広告主　いなげや
» 制作者　フュージョン

staff　Adv 齊藤栄一　AE 東海達徳

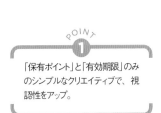

POST CARD

料金別納郵便

いなげや

POINT
1

「保有ポイント」と「有効期限」のみ
のシンプルなクリエイティブで、視
認性をアップ。

ing-fan　いなげやより重要なお知らせ　ing-fan
お客様のingポイント有効期限 が迫っています
緑色のシールをはがして、お持ちのポイントをご確認ください。

このシールをはがして
有効期限・保有ポイントを
ご確認ください

※このシールは一度はがすと、つかなくなりますので
ご注意ください。

このご案内と行き違いで既にご利用の場合はご容赦ください。
このハガキは保有されているポイントの有効期限が近い会員様へ、いなげや店舗のレジカウンターでの
ご利用を元にお送りしております。

【差出人】株式会社 いなげや 〒190-8517 東京都立川市栄町6-1-1　http://www.inageya.co.jp/
【還付先】いなげやDMセンター 〒060-0004 札幌市中央区北4条西4丁目1番地 伊藤ビル4階 フュージョン（株）内

戦略性

ポイント失効を利用し
再来店を促進

　首都圏を中心にスーパーマーケットを展開
するいなげや。同社はポイントカードを発行
して顧客とのコミュニケーション強化を図っ
ているが、スーパーマーケットの商圏内にお
いて、新規会員の獲得には限界があることか
ら、既存会員の継続利用と休眠会員の再来
店を課題としている。ポイントカードの利用
期限は、最終利用から1年。毎月全体の約1%
弱の会員がポイント失効の対象となっている
ことから、失効の1カ月前にDMを送り、現
在のポイント数と間もなく失効することを知
らせて、再来店を促した。同時に、問い合
わせ用のコールセンターの空き時間を活用し、
保有ポイントの高い会員から順に電話をか
けて同内容を案内。追加コストをかけずに
フォローを行い、再来店を後押しした。同社
のメインターゲットは40代以上であることか

ら、デジタルに頼らない施策として、DMと
電話の活用を選択した。

クリエイティブ

シンプルなクリエイティブで
視認性を優先

　はがきを用い、緊急性や重要性が伝わる
ことを意識。あとから電話で同内容の案内
を実施することを踏まえて、紙面上では「保
有ポイント」と「有効期限」を確実に確認して
もらえるよう、盛り込む情報を制限してシン

プルなクリエイティブとした。送付の際は、
プライバシーに配慮し、個人情報の部分に目
隠しシールを貼付した。

実施効果

再来店率が大幅アップ
離反の食い止めにも

　DMを送付した会員のうち、25.6%がポイ
ント失効前に再来店。一方、DMを送付して
いない会員の再来店率は6.2%だったことか
ら、送付した場合は再来店率が19.4%増加

左から、東海達徳氏、齊藤栄一氏

目的	継続顧客化
DMの役割	休眠顧客の活性化
発送数	5429通
効果	DM送付者の25.6%がポイント失効前に来店
多媒体との連動	電話
ターゲット	最終買い上げ日より11カ月経過したポイントカード会員

POINT
2
DM送付後、フォローコールを行い来店促進。

基礎情報

☑ **企業概要**
（主な商品、サービス、ビジネス内容）
スーパーマーケットの運営

☑ **主なターゲット顧客層**
40代以上

☑ **ダイレクトマーケティングツールの活用状況**
顧客コミュニケーション手段として普段からDMを活用

なぜDMを使用したのか
ターゲット層が40代以上であり、ウェブやアプリに比べ、DMは手元に置いてじっくりと読んでもらえるため。

することが分かった。また、再来店した会員がその後5カ月間で購入した金額の平均は4012円となり、離反の食い止めにも効果が出ている。DM送付後に行った電話案内では、多くの会員から好意的な反応があり、「大したポイントではないのに、お手紙をいただけてすごくうれしかった。ていねいにどうもありがとう」といった感謝の声が聞かれた。それに加えて、来店不可と回答した顧客からはその理由を聞き出すこともでき、転居や身体的な事情によって来店できなくなったケースが多いことが分かった。

審査会の評価点

戦略性	/	★ ★ ★ ★ ☆
クリエイティブ	/	★ ★ ★ ★ ☆
実施効果	/	★ ★ ★ ★ ☆

審査委員講評

企業の目的目線からすればリピート購買狙いの施策ではあるのですが、「ポイント失効が迫っていることを親切にお知らせする」という文脈メッセージにすることによって、お客様からも歓迎される販促機会をつくったことの秀逸さを感じました。　　　山口義宏

・DM診断・

ここが秀逸!

休眠顧客対策として、戦略が非常に優れている。通常であれば、今来店すれば半額といったように刺激の強いオファーで振り向かせるアプローチが多いが、費用対効果が悪い。それに対し、ポイントの失効をうまく利用することで、オファーにコストをかけずに、非常にシンプルなクリエイティブで大きな成果を上げている。ポイント会員を抱えるほかのサービスにも横展開しやすいアイデア。

商品を模したDMでインパクトを与え、見込み客を獲得

584件のリード獲得！教育機関向けノートPC型DM

» 広告主 **Google for Education**
» 制作者 **エムアールエム・ワールドワイド、クラフトワールドワイド、東京美術**

staff　Adv Stuart Miller、平松世梨亜　Pr 町田優子　AD 松本圭吾　C 冨樫巧　D Mark Penaflor Esguerra、野田時世、プリンティング 藤松春治、志津野友紀

POINT 2
PCの画面にあたる部分には、商品内容を解説する冊子を貼付。

POINT 1
教育向けノートPC「Chromebook」の実物の大きさと質感を再現。

戦略性

認知を上げるため
インパクトのある実物大DMを送付

　Googleが提供する「Google for Education」は、子どもたちのアクティブ・ラーニングと教員の業務効率化を目的とするICT教育プログラム。日本では2020年から小学校におけるプログラミング教育が実施されるため、全国の教育委員会でICT設備の導入が進んでいるが、「Google for Education」は認知度があまり高くなく、選択肢に入りにくいという課題があった。そこで、強いインパクトを与えるために、サービスに付随する教育向けノートPC「Chromebook」の実物の大きさや質感を再現したDMを制作。PCの画面にあたる部分には「Google for Education」の内容を解説する冊子を貼付し、PCのキーボードにあたる部分はメモ帳にして実物さながらの厚みを出すとともに、普段の仕事に活用してもらうことで、教育委員会内で「Google for Education」についての話題が活性化することをねらった。DM送付後は、電話営業を行い、見込み客の獲得を目指した。

クリエイティブ

サイズや質感にもこだわり
実物を再現

　教育向けノートPC「Chromebook」を再現するために、実物を計測してサイズを同じにし、紙質や加工にもこだわることで質感までも実物に近づくよう工夫。印刷会社と相談しながら、何度か試作を重ねた末に完成させた。「Google for Education」の解説冊子には、これから本格化するICT教育に関し、ターゲットである教育委員会の人が感じていると思われる不安や悩みに応える形で、「Google for Education」のサービスの特徴を訴求した。

実施効果

DMと電話の組み合わせで
確実に成果を獲得

　全国の教育委員会のICT担当者に向けて、

左から、町田優子氏、野田時世氏、松本丰吾氏、
Mark Penaflor Esguerra氏、冨樫巧氏

目的	認知拡大
DMの役割	教育委員会内における話題の活性化
発送数	1787通
効果	DMをきっかけとした電話営業を行い、見込み客584件を獲得
多媒体との連携	電話
ターゲット	全国の教育委員会のICT教育担当者

POINT
3
PCのキーボードにあたる部分をめくると、仕
事に活用できるメモ帳に。

基礎情報

☑ **企業概要**
（主な商品、サービス、ビジネス内容）
ICT教育プログラムの販売

☑ **主なターゲット顧客層**
教育委員会

☑ **ダイレクトマーケティングツールの
活用状況**
DMならではのクリエイティブのインパクト
による認知拡大

> **なぜDMを使用したのか**
> 商品実物の大きさや質感を再現
> したDMで強い印象を与え、認
> 知度を向上するため。

1787通を送付。DMのみを見て問い合わせ
があったのは26件で、レスポンス率は1.45%
となった。さらに、DM送付後のフォローコー
ルにより、合計584件の見込み客を獲得。
レスポンス率は32.7%となった。BtoBマー
ケティングの教科書どおりのコミュニケー
ションをしっかり行ったことで、確実に成果
を得た。

審査会の評価点

戦略性	/	★ ★ ★ ★ ☆
クリエイティブ	/	★ ★ ★ ★ ☆
実施効果	/	★ ★ ★ ★ ☆

審査委員講評

まず、デザインが美しい。これがDMで届い
たら、嬉しいでしょうね。これで、シミュレー
ションして、実際のPCを使ってやりたくなる
こと、間違いないと思います。　　秋山具義

・ DM診断 ・

ここが秀逸!

教育委員会に宛てたBtoBのDMと
してよくできており、DMとフォロー
コールの組み合わせで、レスポンス
も良好。先にDMを送り、あとから
フォローコールを行うというのは
BtoBにおけるDMの典型だが、そ
の教科書的なプログラムがしっかり
と行われている。人手が減り、営業
担当者が足と電話で稼ぐことができ
なくなってきた時代の、リードナー
チャリングのお手本のような事例。

突き抜けた世界観で話題化、
オープンキャンパス来場者数は過去最高に

電大文明の謎に迫れ！
SNS拡散で来場者数110%

》広告主　東京電機大学
》制作者　フュージョン、自然農園

staff　Adv 細谷菜々　Dir／PL 城所裕衣、小船井香織、田村亮子　AE 植松勇生　CD 澁谷智誉丸　AD 鳥山人樹　D 吉田誠　Ph 笹本知宏

POINT 1

学長をキャラクター化し、突き抜けた世界観を表現。

POINT 2

コンセプトは「電大文明」「電フェス」の2つとし、遊び心たっぷりに研究内容や各学部の特徴をアピール。

POINT 3

限定のノベルティがもらえる特典チケットをDMに添付。

戦略性

ウェブ広告に慣れた高校生へあえてDMを起用

　東京電機大学（以下、電大）は毎年6〜8月に数回に分けてオープンキャンパスを実施しており、研究内容の説明や体験型プログラムが充実していることから、オープンキャンパスに来場した高校生は志願率が高まることが分かっている。そこで、オープンキャンパスへの来場者数を増やすため、DMを活用。ターゲットである高校生はオンラインでの広告接触には慣れているが、紙のDMが届くことは珍しいため、新鮮に受けとめてもらえ

ると考えた。昨年に引き続き、学長をキャラクター化して突き抜けた世界観をクリエイティブに落とし込み、ゲーム性のあるLPや動画も組み合わせることで、SNSなどでの話題の拡散による認知拡大をねらった。また、DMには特典チケットを添付し、オープンキャンパス当日に持参した人に、ノベルティとして特製の缶バッジをプレゼントした。

クリエイティブ

ストーリー性のあるクリエイティブで高校生の好奇心を刺激

　各学部の特徴に加え、電大の研究の高度

さや電大生の熱い思いを訴求するため、「電大文明」「電フェス」という2つのコンセプトを設定。細部まで緻密につくり込んだクリエイティブで、「特定の分野に対してとことん極めて突き詰める大学」であることを示した。「電大文明」では、電大が長年の研究をとおして培ってきた技術の蓄積を超高度文明にたとえてアピールし、「なぜ文明が発展したのか、オープンキャンパスに来て確かめてほしい」と投げかけた。一方「電フェス」では、各学部の特徴をバンドになぞらえた表現でつくり込み、フェスでアーティストの熱に触れるように、オープンキャンパスに来れば、電大生の熱い思いに触れることができるとした。

左から、フュージョンの小船井香織氏、
自然農園の澁谷智誉丸氏、
東京電機大学の細谷菜々氏、梁瀬俊氏、
フュージョンの城所裕衣氏、東京電機大学の伴明美氏

目的	大学志願者数の増加
DMの役割	オープンキャンパスへの来場促進
発送数	54727通
効果	過去最高の来場者数
多媒体との連携	SNS、ウェブサイト、インターネット動画
ターゲット	資料請求した高校生

基礎情報

☑ **企業概要**
（主な商品、サービス、ビジネス内容）
理工系の私立大学

☑ **主なターゲット顧客層**
理工系の研究分野に関心の高い高校生

☑ **ダイレクトマーケティングツールの活用状況**
資料請求や出願促進などのツールとして
DMやウェブなどを利用

なぜDMを使用したのか
高校生は、紙のDMが自分宛てに届くこと自体が新鮮。また、話題にしたくなる内容のDMで、SNSでの拡散欲求を刺激した。

実施効果

SNSでの拡散による認知拡大で来場者増を実現

　Twitterにゲーム性のあるLPや動画へのリンクを貼った広告を出稿したところ、広く拡散され、DMを送付した人以外にも多数リーチした。また、DMの特典チケットでもらえるノベルティが限定特典として人気を博したことも奏功し、来場者は前年比110％、過去最高の14,092名となった。そのうち、特典チケットを持参した来場者は、DM発送数の4.58％にあたる2509名だった。また、電大公式ツイートのインプレッション数は約584万件、LPへのアクセス数は2万6千件にのぼった。

審査会の評価点

戦略性	/	★★★★☆
クリエイティブ	/	★★★★☆
実施効果	/	★★★★☆

審査委員講評

ある意味尖りすぎていて他の企業が真似をするのは難しい手法に見えるかもしれませんが、毎年SNS上のリアクションなどを見ながら改善を加えて来場者数の成果につなげている点が素晴らしいと思います。

徳力基彦

・ DM診断 ・

ここが秀逸！

3年連続の入賞となるが、昨年よりもさらにパフォーマンスがアップしていることが高い評価につながった。学長のキービジュアルを中心としたユニークな雰囲気のクリエイティブを継続することで、東京電機大学のブランディングができつつある。過去の成功作を微調整しながら最適化した結果、ターゲットに受け入れられるような関係性ができてきたと考えられる。

DM AWARD 2020

銀賞
SILVER
★★

謎解きDMでファンの心をくすぐり、
リピーター化に成功

名探偵が再来店!?
謎解きミステリーレター

》広告主　謎屋珈琲店
》制作者　謎屋珈琲店

staff　Adv／Dir 郷司峰義、中山純一　PI 市野寿宗、田川俊樹

POINT
①
謎入りのニュースレターを送付。来店して解答した人に、ポイントを付与。

戦略性

**お店のコンセプトを生かしたDMで
リピーター化**

　2015年に石川県金沢市でオープンした謎屋珈琲店は、コーヒーとミステリーを融合したコンセプトカフェ。シャーロックホームズをイメージした店内で本格的な自家焙煎コーヒーを提供している。SNSでのクチコミや新幹線の開業、マスメディアによる紹介などによって新規顧客の来店は増えているが、その一方で一度きりの来店にとどまる顧客傾向が課題となっていた。そこで、解答ポイントの付与をオファーとしたミステリーレターを希望した顧客に送付。期限内に再来店するか、

遠方の場合はオンラインショップで購入することによって解答に参加できる仕組みとし、来店回数の増加を目指した。なお、2回連続で解答がなかった場合は、リストクリーニング対象としている。

クリエイティブ

**謎解きと合わせて
親しみを感じてもらえるコンテンツも**

　デザインは、お店のコンセプトや内装と合わせ、シャーロックホームズが活躍する時代のアンティークなイメージを反映。私信のような印象を与える洋形封筒を使い、謎解き問題やその解答用紙のほか、マスターや店長の人

柄が分かるようなイラスト、季節限定メニューの写真なども同梱し、親しみを感じてもらえるような内容とした。解答用紙を問題と別に用意することで、回収率の向上もねらった。

実施効果

**回を追うごとに
レスポンス率が向上**

　2018年春からシーズンごとに6回送付したミステリーレターの平均レスポンス率は17.93％。回を追うごとにレスポンス率は向上し、来店回数も増えていることから、ファン化が成功しているとみられる。それにともなって来店客数も増えており、2018年は前

謎屋珈琲店の 郷司峰義氏

目的	継続顧客化
DMの役割	来店促進
発送数	5316通
効果	2019年の来店客数が前年比26%増
ターゲット	来店客のうち、謎解きDMの希望者

基礎情報 |

☑ **企業概要**
（主な商品、サービス、ビジネス内容）
自家焙煎珈琲とミステリーを融合したミステリーカフェ

☑ **主なターゲット顧客層**
若年層や家族など

☑ **ダイレクトマーケティングツールの活用状況**
謎解きDMを年4回送付し、来店を誘導

なぜDMを使用したのか
一度来店した人に、もっと謎屋珈琲店について知ってもらい、再来店してもらうため。

POINT 2
問題用紙と解答用紙を別にし、回収率を向上。

審査会の評価点

戦略性	/ ★★★★☆
クリエイティブ	/ ★★★★☆
実施効果	/ ★★★☆☆

審査委員講評

プロモーションは、ブランドの「らしさ」がいかに生かされているかが大事な時代。オーナーのお人柄、お店の世界観、DMでの出題コミュニケーションが惑星直列のように合致している点が美しいです。　　　木村健太郎

年比で18%増、2019年は1〜9月の前年同期比で26%増と順調に推移している。また、マスターや店長の人柄が伝わるレターの内容により、来店客側から声を掛けてもらえる機会も増えた。

• DM診断 •

ここが秀逸!

コアな顧客に対する、遊びの要素も盛り込んだロイヤリティ施策として機能している。四半期に1回DMで謎かけを行い、解答を返送してもらう仕組みで、回を重ねるごとにレスポンス率が向上しているところがすばらしい。

内定者個人に宛てたメッセージで、内定承諾率が向上

内定辞退を防止する手紙

》広告主　ノーブルホーム
》制作者　福博綜合印刷

staff　CD／AD 品川直毅　D 中島可南子　Ph 見澤厚司

POINT 1
トムソン加工で窓をつくり、冊子を閉じた状態でもQRコードが見えるように。

POINT 2
バリアブル印刷を採用して、内定者一人ひとりに異なるメッセージを記載。

MOVIE MESSAGE

人がつくる会社

Noble Home
Recruiting
2020

NH

様

こんにちは。
株式会社ノーブルホーム 採用企画課の木村です。
この度は、新卒採用選考における合格、
おめでとうございます。
まずは私から　　さんへ、お祝いのメッセージを
お送りいたします。
いっしょに働ける日を、楽しみにしています。

株式会社ノーブルホーム 採用企画課 木村 賢一

QR

SAMPLE

MOVIE
MESSAGE

RECRUITING 2020
WELCOME TO NOBLE HOME

戦略性

内定辞退防止にDMを活用
人との結びつきを重視

　茨城の住宅メーカーであるノーブルホームは、内定者の辞退防止にDMを活用。内定者一人ひとりにパーソナライズしたメッセージ入りの冊子を送ることで、入社を歓迎する熱意を伝えた。それと同時に、接点のあった採用担当者が内定者個人に向けたメッセージを話す動画も制作し、DMのQRコードから閲覧できるようにした。動画では、表情や言葉のニュアンスがより伝わりやすくなることから、企業と個人ではなく人としての距離の近さを感じさせ、入社後の安心感につなげることができるとして選んだ。

クリエイティブ

特別感のあるデザインで
入社後の期待を伝える内容に

　冊子には、内定者一人ひとりに異なるメッセージを記載するため、メッセージページのみを切り替えられるよう、バリアブル印刷を採用。メッセージは、採用選考の中で自身がどう見られていたのか、何を決め手に内定が決まり、入社後に何を期待されているのかが分かるような内容とし、入社後のイメージが湧きやすいように工夫した。冊子の形状は、住宅メーカーらしく、家の形に。さらにトムソン加工で窓をつくって、動画にリンクするQRコードを冊子を閉じた状態からでも見える位置に配した。表紙にはグロスPPを、文字にはツヤ白箔を使用して、特別感を演出するデザインとした。

実施効果

昨年と比較して
内定承諾率が向上

　発送数は29通、実施経費は印刷費やコンテンツ制作費、動画撮影費を含めて90万円。

左から　ノーブルホームの大竹祐次氏、木村賢　氏

目的	新卒採用
DMの役割	内定辞退の防止
発送数	29通
効果	内定承諾率が向上
多媒体との連携	インターネット動画
ターゲット	内定者

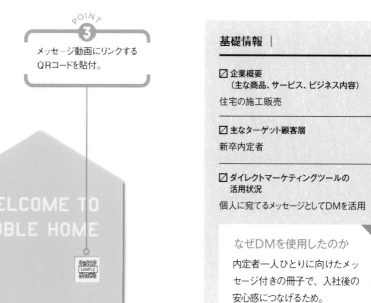

POINT
3
メッセージ動画にリンクする
QRコードを貼付。

基礎情報

☑ **企業概要**
（主な商品、サービス、ビジネス内容）
住宅の施工販売

☑ **主なターゲット顧客層**
新卒内定者

☑ **ダイレクトマーケティングツールの活用状況**
個人に宛てるメッセージとしてDMを活用

> **なぜDMを使用したのか**
> 内定者一人ひとりに向けたメッセージ付きの冊子で、入社後の安心感につなげるため。

どの企業も優秀な人材を求めて採用を強化しているなかで、内定辞退者の増加が懸念されたが、企業の中にいる人との結びつきを感じられるクリエイティブが内定者に好評を博し、DMを活用していない昨年に比べて内定承諾率が向上した。来年度の採用においても同様に、DMの利用による内定辞退防止の施策を行う予定だ。

審査会の評価点

戦略性	/ ★★★★☆
クリエイティブ	/ ★★★★☆
実施効果	/ ★★★☆☆

審査委員講評

内定の辞退を防ぐために、ここまでやるのか、と感心したDMです。届いた人は、自分のためのDMだと、感激することでしょう。
秋山具義

・ DM診断 ・

ここが秀逸!

内定辞退を防止するために内定者へ送られたDMで、DMに記載のQRコードを読み取ると、採用面接時に接点のあった採用担当者から一人ひとりに向けたメッセージ動画が見られる仕組み。資金が潤沢にある会社は事前研修によって内定者とのリレーションをキープできるが、この事例では大きなコストをかけずに内定承諾率を向上させた。

DM AWARD 2020
銅賞
BRONZE
★

読みやすさを改善し、深い商品理解と売上アップを実現

開封率アップとプライバシー保護を同時に解決したDM

》広告主　アースケア
》制作者　TRACE

staff　CD 加藤亮平　AD 後藤忠士　D 井上啓太、楠木ももこ　I 石原えり（フリーランス）

POINT

複数の冊子を順序立てて読むことができるように、サイズを変え、ナンバリングも施した。

DMの役割	主に見込み顧客の発掘
発送数	6503通
効果	開封率・信頼感アップ

POINT

サイズの異なる冊子を表紙を兼ねた台紙で挟み、内容物が封筒内でバラつかないように配慮した。

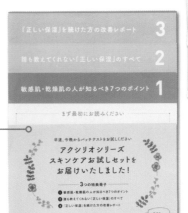

審査委員講評

「お客様に必要な情報を、豊富に、読みやすく」という、しかし実践は極めて難しいことを様々な工夫でなしとげ、高い効果につなげました。「読み手に対する配慮」が随所になされた、「伝え切る」ことのお手本となるDMです。　　　　　佐藤義典

戦略性・クリエイティブ・実施効果

半透明の封筒で開封率アップとプライバシー保護を両立させたアースケアのDM

化粧品の製造販売などを行うアースケアは、販売する化粧品のお試しセット購入者に商品とともに長文の読み物3冊を同梱している。これは「自分に合う化粧品を見つけるためには、化粧品に関する正しい知識が必要だ」という考えにもとづいている。梱包物はほかにも商品紹介やキャンペーン案内などもあり、分量の多い読み物をわかりやすく、飽きずに届けることが必要だ。

そこで、複数の冊子の「どこに何が書いてあるのか」を一目でわかるようにするため、DMのリニューアルを行った。

消費者に届いた際に目立ち、すぐに開封したくなるものをという希望と、中身がはっきりわからないようにしたいというプライバシーへの配慮を両立させるため、外装には半透明の封筒を使用。各種資料は用紙やサイズに変化をつけるとともに、ノンブルや見出しを目立たせ、順を追って読ませるようにした。サイズの異なる複数の資料を、表紙を兼ねた台紙で全体を挟み、封筒内でバラつかず、まとめて取り出せるようにした。

リニューアルの結果、お試しセットの申し込みから本商品の購入への引き上げが大きくアップ。消費者からも「読みやすい」「わかりやすい」という声が集まり、商品やサービスへの理解度を向上させるとともに、会社、商品への信頼度を高める効果もあった。

・DM診断・

ここが秀逸!

お試しセットとして、商品とともに長文の読み物を3冊同封。冊子はすべて背の高さを変え、封筒に入った状態で3冊を一覧できるようにしており、3万字の読み物を飽きさせずに読ませるよう工夫していることが評価された。また、通常であれば3回に分けてDMを送るところを、1回にまとめて送ることでコストを抑えながら、高い成果を上げているところもすばらしい。

第三者視点からの新鮮な切り口で魅力を伝え、販売台数アップ

Audi Q5をクロスメディアで訴求するDM

» 広告主　アウディ ジャパン
» 制作者　電通デジタル

staff　Adv 天野一登、坂部晶子　CD 二井内洋一　AD 野田澤聡、岩丸修　C 澁谷篤　Pr 相澤武雄、齋藤圭祐　Co 櫻井勇太

POINT
同封する雑誌を目立たせることで思わず開けたくなるように。

POINT
専門誌の協力を得ることで「第三者視点」での訴求を実現した。

DMの役割	「Audi Q5 TDI Clean Diesel Fair」への集客／継続顧客化
効果	来場数、販売台数いずれも目標を大きく上回った
他媒体との連動	LP、LINE、Web動画

戦略性・クリエイティブ・実施効果

客観的な視点の抜き刷り冊子風DMで魅力を訴求販売を伸ばしたアウディ ジャパン

　アウディ ジャパンは、Audi Q5に高い燃費効率を誇るクリーンディーゼルエンジンを搭載したTDIモデルを発表。Audiオーナーと新規の見込み客を対象にDMによる来店喚起を目指した。

　DMは、自動車専門誌「モーターマガジン」を発行するモーターマガジン社の協力で新規編集した抜き刷り雑誌を制作し同封。外見上も抜き刷り雑誌の表紙がそのまま見えるように工夫した。DMのために書き下ろしたモータージャーナリストの座談会や長距離インプレッションを掲載し、Audi Q5の運転感覚や日常の移動手段としての最適性、TDIエンジンのパフォーマンスや経済性を伝えた。実在の雑誌誌面を用いたことで、メーカー自身の視点ではなく第三者の客観的な視点で伝えることを意識した。

　DM版「モーターマガジン」の記事は、キャンペーンサイトのランディングページにも掲載し、SNSの公式アカウントからの導線も用意した。また、デジタルのコミュニケーションとして制作されたレーシングドライバーによる試乗動画とも連携。DM用に書き下ろしされた男女のジャーナリストの試乗記は本誌「モーターマガジン」にも掲載され、複数のメディアでAudi Q5 TDIの魅力を伝えた。

　結果、来場者数、販売台数ともに目標を大幅に上回った。受け取った顧客からも「モーターマガジン」の内容や客観的なレビュー、プロドライバーによる試乗動画を評価する声が届いたという。

審査委員講評

企業が自らメディアやコンテンツを作ってしまうといういわゆる「オウンドメディア」や「コンテンツマーケ」は、デジタルの手法と思われがちだが、価値のある内容であれば紙がベストかも、と感じられる企画でした。

徳力基彦

・DM診断・

ここが秀逸!

モーターマガジンとのタイアップ企画で、マニアックなスペック情報が満載の抜き刷りを封入したことで、アウディファンに対して効果の高いDMになっている。タイアップ記事の抜き刷りは珍しくない手法だが、ターゲットにしっかりマッチしており、確実に効果がある。

DM AWARD 2020
銅賞
BRONZE
★

同梱物のクオリティで話題化
新規会員獲得数大幅UPを達成

年末の団欒に彩りを添える
トランプ型紹介キット

左から、鈴木吉之氏、本間浩太郎氏、
大見和也氏、國則祥介氏

》 広告主　アメリカン・エキスプレス・インターナショナル
》 制作者　大日本印刷

staff　Adv 鈴木吉之、本間浩太郎、大見和也、國則祥介　AE 高橋秀一、永倉友美

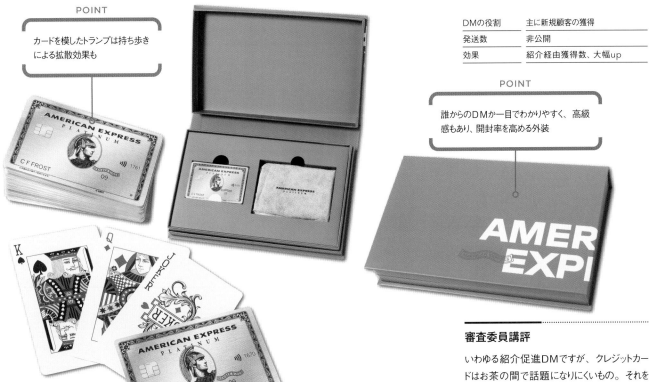

POINT

カードを模したトランプは持ち歩き
による拡散効果も

POINT

誰からのDMか一目でわかりやすく、高級
感もあり、開封率を高める外装

DMの役割	主に新規顧客の獲得
発送数	非公開
効果	紹介経由獲得数、大幅up

審査委員講評

いわゆる紹介促進DMですが、クレジットカードはお茶の間で話題になりにくいもの。それを「トランプ」というクレジットカードと同じ形のものを使って「話題」に上るようにした知恵が秀逸。裏面から数字がわかる仕掛けも「紹介者」に刺さりそうでGood。　　　佐藤義典

【 戦略性・クリエイティブ・実施効果 】

カードを模したトランプを同梱し
話題化させたアメリカン・エキスプレスのDM

アメリカン・エキスプレスは、2018年10月にプラチナ・カードのサービス刷新やメタル製カードの導入を発表。このタイミングで既存会員を対象に、あらためてカードに興味を持ってもらうことと、非会員へその魅力を伝えてもらうことを目的としてカード会員紹介プログラムを実施。その告知としてDMを活用した。

クレジットカードが日常的な話題になることは稀なため、公私問わず人と会う機会が増える年末年始に合わせて発送。会話のき

っかけと盛り上げを狙い、DMには裏面にプラチナ・カードの券面デザインを配したトランプを制作。トランプには紹介用の二次元コードシールと、シールを貼って友人・知人に渡すことができるジョーカーのカードを同封した。また、トランプは、紹介する側、される側ともに持ち歩きしやすいカードサイズ、あらたに導入されたメタル製カードの質感への期待を醸成するためにシボ加工を施した。

DMにより既存会員からの紹介経由での新規会員獲得数が大幅UPを達成。同梱ツールのクオリティの高さから、ソーシャルメディアへ100件以上写真付きで投稿された。会員からは感謝の電話が入るなど、既存会員からも大きな反響を呼ぶ結果となった。

・ DM診断 ・

ここが秀逸!

プラチナ・カード会員に向けて友達紹介プログラムのオファーを行うDMだが、通常こういった高価な商品の友達紹介は難しい。しかしこの場合、トランプという年末に遊べるネタを入れつつ、同封のQRコードシールを専用のジョーカーに貼って渡すことができ、紹介しやすくなっている。SNS上でも反響があり、好評だった。知恵を絞り、苦労しながら企画した様子がうかがえる。

DMによる情報提供で効果を実感させ、解約を防ぐ

商品価値高め継続率20% UP！伴走型サポーター DM

左から、エーザイの佐藤友昭氏、ダイレクトマーケティングゼロの田村雅樹氏

» 広告主　エ ザイ
» 制作者　ダイレクトマーケティングゼロ

staff　Adv 佐藤友昭　Dir 床井奈美　Pr 田村雅樹

POINT
「美の扉を開ける」擬似体験にもつながる封筒のクリエイティブ。

POINT
発送タイミングと顧客の利用段階を合わせ「伴走感」をアピール。

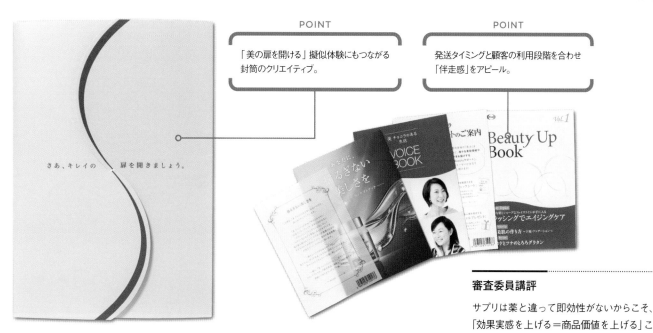

さあ、キレイの　扉を開きましょう。

DMの役割	主に継続顧客化
発送数	8万8000通
効果	レスポンス率91%
他媒体との連動	自社開催のメークアップ講習会

審査委員講評

サプリは薬と違って即効性がないからこそ、「効果実感を上げる＝商品価値を上げる」このエーザイのDM設計は素晴らしいです！成功している単品通販は"販売業"だけではなく、『お客様に、美容や健康などを通じて、より良いライフスタイルを送るための有益な情報』を提供する"教育業"でもあります！

加藤公一レオ

[戦略性・クリエイティブ・実施効果]

伴走型サポートで継続率20%UP 社内の評価も高いエーザイのDM

　エーザイが販売するサプリの主力商品「美チョコラ」は、25％という高い初期解約率を課題としていた。そこでトライアルから本製品へ転換したばかりの消費者をターゲットにDMを発送した。解約理由の分析から、継続の鍵は効果の実感にあり、また、実感を高めるための要素として生活習慣に焦点を絞り、運動や食事、美容に関する情報提案を、同梱ではなくあえてDMで送付。伴走型のサポートを意識づけた。発送は、解約が多くなる初回商品到着から4回目までの商品到着後をふまえ、新規から数回に分けて発送設定

した。

　クリエイティブは、ブランドカラーである「ゴールド」と「ピンク」で統一。ブランドブックは曲線開封式封筒で「美の扉を開ける」疑似体験、1カ月目は「兆し」など、各送付タイミングに応じて段階的に実感を意識できるように工夫した。

　8万8000通を送付し、初期の継続率は91％、初回から4回目までの継続率が20％アップしたことに加え、効果の実感を理由とした解約は30％減とDM前の約半分にすることに成功。食生活の情報提供に合わせてクロス商品の青汁をプレゼントしたところ、青汁の受注も前年比280％と伸長し、社内からも評価されることとなった。

・ DM診断 ・

ここが秀逸！

　DMを第1弾、第2弾、第3弾という形でタイミングと切り口を変えて送付し、顧客との関係をしっかりと強化しながら、初回継続率やクロスセル率をアップさせた。初めて商品を買った人に対して、最初の段階で徹底的にブランドコミュニケーションを行うことがその後の継続率などにもインパクトが大きいということを分かったうえで、きちんと集中的に実施できている。しっかりと教科書どおりに進めることで、うまく成功させていると言える。

ユニバーサルデザインで
ターゲットの自己解決を促進

前年比300％にUP↑
DMの可読性がPCシニア層を動かす

≫ 広告主　オプテージ
≫ 制作者　トッパンフォームズ、マルプランニング

staff　Adv 高木潤、中瀬瑞規　AE 伊藤彰、今村優希、佐藤百合香　CD 五十嵐和人　PI 田代良太郎　D 遠塚恵二

左から、オプテージの高木潤氏、中瀬瑞規氏、トッパンフォームズの今村優希氏、田代良太郎氏、五十嵐和人氏、岸末樹子氏、伊藤彰氏、佐藤百合香氏

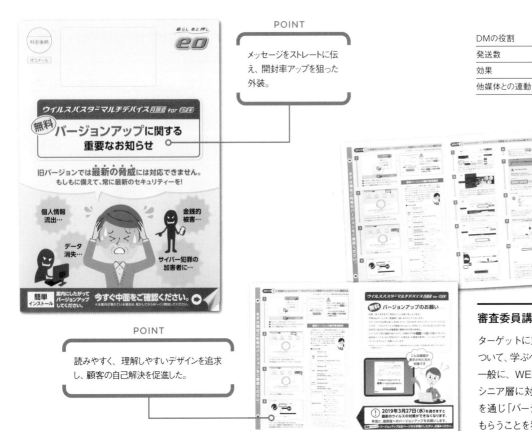

POINT
メッセージをストレートに伝え、開封率アップを狙った外装。

POINT
読みやすく、理解しやすいデザインを追求し、顧客の自己解決を促進した。

DMの役割	主に継続顧客化
発送数	2万4435通
効果	サービス更新率51％
他媒体との連動	WEBサイト、コールセンター

審査委員講評

ターゲットに対する訴求内容とその伝え方について、学ぶべき点が多いDMだと思います。一般に、WEB上での操作が苦手と言われるシニア層に対し、それでもWEB上での操作を通じ「バージョンアップ作業」を自分でしてもらうことを狙ったDMです。結果は、「このDMを見ながら一人でできました！」の感謝のコメントが端的に表していると思います。シニア版「一人でできた！」を実現した生活者に寄り添うDMだと思います。　　大角聡

戦略性・クリエイティブ・実施効果

読みやすいDMで
更新意欲と自己解決を促進
前年比300％改善を実現したオプテージ

オプテージが提供する光回線のオプション・セキュリティサービス「ウイルスバスターマルチデバイス月額版for eo」。同サービスは毎年のバージョンアップに合わせて更新する必要があるが、特にシニア層を中心に未更新のユーザーが存在し、最新のセキュリティに対応できない懸念があった。これまでもDMとeメールを併用し案内していたが、更新率が17％と低いだけでなく、不明点の問い合わせによる入電数・待ち時間の増加もサポートダイヤルの課題となっていた。

今回のDMでは、ユーザー自身で更新作業ができるよう作業手順を明確化、WEBサイトのQ＆A誘導を改善したことで前年比300％の更新率を達成した。電話問い合わせも21％減少し、サポートダイヤルの負担軽減にもつなげた。

DMは「わかりやすい疲れないデザイン」をコンセプトに制作。過去DMの強みや他社事例を分析し、ユニバーサルデザインの観点も採り入れ、視線の移動距離を極力短くする文章・配色・ページ構成などで、読み直さなくても理解しやすくなるように心がけた。表紙では、更新しないことで生まれるリスクを表現し開封意識を喚起した。問い合わせについては、ユーザーの自己解決を促すため、電話番号よりもWEBのQ＆Aページを上部に配置した。

・ DM診断 ・

ここが秀逸！

ウイルスバスターを長年バージョンアップしていなかった人に向けたDMで、更新率が前年の3倍と高い効果を発揮したことが評価された。クリエイティブは非常に理解しやすく、前年よりもサポートダイヤルへの問い合わせが減り、コストが抑えられたところもポイント。DMを送付した目的がしっかりと果たされている。

首都圏での成功を受け、他地域のプロモーションにも拡大

必見
カオナビ見聞録

カオナビ マーケティンググループ
渡辺康平氏

》 広告主　カオナビ
》 制作者　博報堂プロダクツ

staff　CD 渡辺康平　P 山縣京子　AD 宮下めぐみ　D 山中幸代　PD 木村みずき、土井萌未

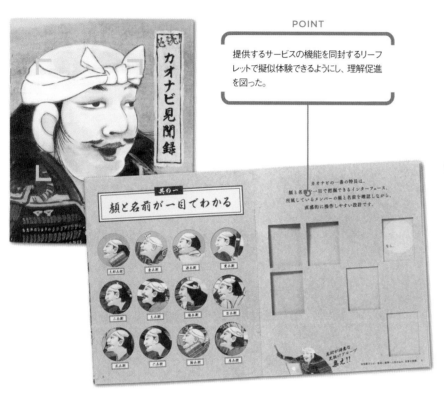

POINT

提供するサービスの機能を同封するリーフレットで擬似体験できるようにし、理解促進を図った。

POINT

テレビCMなどの他媒体と世界観を連動させ、認知向上と相乗効果も期待した。

DMの役割	主に認知拡大
発送数	1000通
効果	認知率アップ
他媒体との連動	テレビCM、タクシー内動画広告、雑誌広告

戦略性・クリエイティブ・実施効果

体験型DMでサービスの認知獲得と理解促進を実現
首都圏での成功を他エリアでも踏襲

　顔写真を用いた人材管理システムを提供するカオナビはこれまで、インターネット上のコンバージョン獲得のためデジタル広告を中心にプロモーションを行ってきた。一方でデジタル広告以外で、首都圏における業種・企業規模・職種など、よりターゲットを絞り込んだ獲得に効果的な接点を求めていた。

　そこであえてアナログな封書形式で、サービスの特徴を疑似体験できるDMにチャレンジ。デジタル広告では訴求しきれないインパクトとサービスへの理解を狙った。

　クリエイティブでは徳川家康をモチーフとしたテレビCMなどと世界観を統一した。内容はサービスの機能をリーフレットで疑似体験できる構成にこだわった。外装では、同時に配達されるDMに埋もれないようなデザインと紙質を選択。開け口には家康の家臣の顔を「？」で隠し、思わず開けたくなる仕掛けを採用した。

　DMは手元に残るため、理解促進の役割と、導入へ向けた検討の最終段階で意思決定を促す機能を果たした。結果として認知度向上に大きく貢献。本社で行うセミナー案内にも多数反応があり、他施策と比較しても高い効果を発揮した。このDMの成功を受けて、関西でのプロモーションにも採用されることが決まった。

審査委員講評

デジタルADやTVCMを補完し、DMではコアターゲットに限定送付するクロスアプローチ戦略が見事です。CMの世界観と共通の印象に残るデザインで、サービスをわかりやすく伝える問いかけ＆体験型のDMはBtoB事例のお手本です。　　　明石智子

・DM診断・

ここが秀逸！

クリエイティブに凝ったアプローチがおもしろい。カオナビがどのようなサービスなのかが伝わりやすく、BtoBのDMとしては非常によくできている。セミナー案内のツールも、厚紙1枚で分かりやすく作成されている。フォローコールを行えば、さらなる集客効果が期待できる。

DM AWARD 2020
銅賞
BRONZE
★

「体験」による効果の実感で購買意欲を喚起

日本初の肌体験を贈る！すぐ使いたくなるサンプルDM

》 広告主　DECENCIA
》 制作者　タイガー&デザイン、トラック、トッパンフォームズ

staff　Adv 清水春那、樋口睦実　AD／D 松田澄子　D 浜野克彦、(Printing)山本英雄、野原康平

POINT

サンプル外装は、商品の容器に寄った拡大画像で自信を伝えた。

POINT

サンプルを日めくり風に配置し、連続使用を促した。

DMの役割	主に新規顧客の獲得
発送数	4万通
効果	新規顧客獲得数大幅にアップ
他媒体との連動	WEBサイト、ソーシャルメディア

審査委員講評

サンプル到着後のすぐの試用のみならず、商品理解やブランド認知まで踏み込んで解決した点が斬新でした。体験3日間で、試用する楽しさや比較、変化への期待感など、行動心理に即してシナリオが丁寧に設計されています。
明石智子

戦略性・クリエイティブ・実施効果

ニュースと組み合わせたサンプル体験から本製品の購入までのコミュニケーション設計で新規獲得増

　敏感肌専門の化粧品ブランド「DECENCIA」は、新規顧客獲得と認知拡大を目的にDMを活用した。近年、百貨店ブランドやマスブランドが敏感肌向けの化粧品市場に参入しているなか、認知率7%の「DECENCIA」はネームバリューのある競合に苦戦を強いられてきた。今回は「日本初の敏感肌用シワ改善美容液誕生」というニュースと無料サンプルプレゼントを連動させ、DMから本製品購入までの導線を意識しコミュニケーションを設計。

　「体験」をコンセプトに、単なるサンプル配布ではなく、競合との違いを体験してもらうことを目指した。外装は容器の拡大イメージを配し、商品への自信を演出した。サンプルも単純に並べるだけではなく、日めくり風に連続使用の楽しさを演出しながら、使用中の化粧品と比較し効果を実感できるような内容にこだわった。

　サンプルの申込みはWEBの診断サイト「敏感肌レベルチェック」経由を基本とした。これにより、本品購入の見込みが高いシワの悩みを持つ敏感肌女性の流入を目指した。また、診断結果はTwitterやInstagramへの投稿を促し、認知・拡散に貢献した。狙い通り新規顧客の獲得に成功、プロモーション開始月には新規獲得目標を大幅に上回った。

・DM診断・

ここが秀逸！

ウェブキャンペーンからサンプルキットを請求した人に対し、本商品購入につなげるため、小分けにしたサンプルをうまくDMに落とし込んだ事例。3日間チャレンジキットとしてどのように使えばいいのかが分かりやすくつくり込まれており、通常のサンプルキットよりも一歩進んだ体験ができる。平均顧客単価の向上へとつなげた。

DM AWARD 2020
銅賞
BRONZE
★

BtoBのDMにおける
二次元コードの有効性も判明した"冷たいDM"

届いてびっくり！
五感に涼を届ける"冷たいDM"

» 広告主　トッパンフォームズ
» 制作者　トッパンフォームズ

上段左から、
沼田陽平氏、上野徹兵氏、澤口努氏、
手嶋雅晴氏
下段左から、
中村知香氏、内田麻衣子氏、榎木彩氏、
岸末樹子氏

staff　Adv 米田広宣　Pr 沼田陽平　Pl 榎本彩、岸末樹子、上野徹兵　AE 内田麻衣子　CD 樋口和清　AD 澤口努、手嶋雅晴　Co 中村知香

DMの役割	主に見込み顧客の発掘
発送数	3000通
他媒体との連動	Eメール、Webサイト、アウトバウンドコール

POINT

ターゲットに応じて3種類のDMを制作したが、コピーやキャラクターによって統一感を維持した。

POINT

無料トライアルキャンペーンでは、冷凍便で発送しすぐに体感してもらえるように配慮した。

審査委員講評

DMとして大事な「手に取れる」ということだけでなく、「視覚」としてのインパクトも重要な視点なので、その両方をバランスよく作っていると思います。また、マーケティングで重要な商品の特徴を明確にし、伝えたいメッセージが整理されていると同梱物からも伺えたので、素晴らしいと思います。

藤原尚也

戦略性・クリエイティブ・実施効果

五感に訴えるDMで
新規顧客創出したトッパンフォームズ

トッパンフォームズは、温度品質に厳格な医療品などの輸送用に高機能保冷剤「メカクール」を開発。これを活用し、保冷ベストなどの熱中症対策商材も販売している。この商材の課題としては、認知と営業提案の機会不足があった。

そこで、ハウスリストをもとに熱中症対策商材の需要が見込まれる、工場や現場作業のある業種の現場勤務者や人事総務・管理部門の担当者を対象に、顧客創出を目的としたEメール・DMを送付した。Eメールは、地域別にティザーメールとして送付。DMは、ターゲットのセグメントに合わせ、箱型、封書、型抜

き圧着はがきの3種類を制作。「涼を感じる五感に訴える"冷たいDM"。」をコンセプトに、「冷えてるわ元年」と新元号をもじったコピーやシロクマのキャラクターなど、同一社内に異なる形態のDMが届いても統一感があるように工夫した。保冷ベストのお試しキャンペーンでは、申し込み者にはすぐに体験できるよう冷凍便で発送するなど、五感に訴える施策も行った。

ターゲット業種別の動画やキャンペーン申し込み専用ランディングページ（LP）を作成。DM種類とセグメントごとにURLを変えたことで、流入経路を把握。二次元コードからの申し込みが多く、BtoBDMにおける二次元コードの有効性が判明した。LPのアクセス率は7.60%、申し込みは3.07%。発送年度の受注と次年度以降の新規顧客創出につなげた。

・DM診断・

ここが秀逸！

企業向けに発売している熱中症対策キットのDMで、箱型DM、封書型DM、型抜き圧着DMの3パターンをターゲットごとに制作しており、丁寧に取り組んでいる。現段階で大きな成果は得られていないが、こういった新しい商品の場合は、このようなDMで印象づけることによって、来年以降に検討してもらう足掛かりにもなる。

ビーコンクリエイティブチーム

愛好家の心をつかんだ「音楽が聴けるDM」

MINI Blue Note Tokyo

》 広告主　ビー・エム・ダブリュー
》 制作者　ビーコンコミュニケーションズ

staff　CD 西村直樹　AD 角田太一　C 春原伸也　D 松本健志　Pr／AE 杉本健　Digital Pr 一之瀬弘志　Pr(Music) 坂野晴彦

POINT

コラボレーションの世界観を表現するために、アナログ盤レコードジャケットのイメージを採用。

DMの役割	主に見込み顧客の発掘
発送数	5万5000通
他媒体との連動	キャンペーンサイト

POINT

ARで音楽が再生できるようにし、「見る」「聴く」「感じる」DMを実現した。

審査委員講評

アプリを活用したDMということで特徴的な作品です。ブランドが持つ特徴を活かすためにどう伝えるか？これをDMで表現するのはとても難しいのですが、アプリを組み合わせることで、「音楽＝BGM」に使い、「車」をまるでショールームで見ている感覚を自宅で作り出すことに成功しているところが素晴らしいと思います。　藤原尚也

【戦略性・クリエイティブ・実施効果】

コラボレーションモデルの世界観を「音楽が聴けるDM」で伝えMINIブランド全体の販売も伸ばした

　ビー・エム・ダブリューのMINIは、MINI ClubmanのBlue Note Tokyoとコラボレーションした特別限定車「Blue Note Tokyo Edition」販売促進のためにDMを発送。ターゲットはMINIや輸入車の購入を検討している層とジャズへの関心を持つ層。

　コラボレーションモデルの世界観を味わってもらう手段としてARを使用した「音楽が聴けるDM」を開発。ターゲットとする層を魅了し、他のDMとの違いを表現するために、アナログ盤レコードをモチーフにしたデザインを採用した。

　クリエイティブでは、大好きなジャズのレコードに針を落とし、音楽に耳を傾けながら今回の特別限定車の世界に浸るストーリーを設計。DMで聴くことができる音楽は、レコードに針を落とす音も再生されるようになっており「見る」「聴く」「感じる」を通じた体験で購買意欲の喚起を目指した。また、コラボレーションを訴求するプロモーションビデオも公開。オリジナルのレコードプレーヤーをプレゼントする企画も実施した。全国のディーラーやBlue Note TokyoではDMと同デザイン、同内容で大判化したフライヤーも配布した。

　特別限定車は目標の400台を完売。MINI Clubman全体も前月比増を達成し、ブランド全体の販売増に貢献した。

DM AWARD 2020
銅賞
BRONZE
★

特別感を演出する封書や会員カードで
ロイヤルティ向上を目指す

ベアミネラル初のロイヤル顧客向け
年間特別プログラム

左から、ベアエッセンシャルの森田暁子氏、村上有氏、フュージョンの角谷朋希氏

» 広告主　ベアエッセンシャル
» 制作者　ベアエッセンシャル、フュージョン

staff　Adv 村上有、森田暁子　Dir 角谷朋希　Pl 佐藤雅美、風林春菜、一倉彩友美　D 内田麻由美

POINT

いつものDMとは異なる「封書型」で特別感を強調した。

POINT

保存性を高めるためにカードケースも用意した。

Open it!

ベアミネラルから特別なお客様だけにお届けしているスペシャルなご案内です。

DMの役割	継続顧客化
発送数	10,342通
効果	レスポンス率61.9%
他媒体との連動	Webサイト

戦略性・クリエイティブ・実施効果

ロイヤル顧客向けDMで来店喚起と従業員のモチベーションアップ

　化粧品ブランド「ベアミネラル」はブランドリニューアルを実施。これを契機に「ロイヤル顧客」の定義を明確に設定した。

　今回は、ロイヤル顧客を対象にリニューアル後のコンセプト「THE POWER OF GOOD」をいち早く知らせることと、ブランドへのロイヤルティ強化を目指しDMを活用。DMでは、顧客に特別な特典を付与される

存在であることが実感できるよう、普段のDMでは使用しない封書型を採用。通常の会員カードとは別に「プレミアム会員カード」を作成、封書から見せて開封意欲を喚起した。

　来店意欲を促進するため、DM同封の特典には年間を通じて利用できるものと期間限定の2種類を用意。そのひとつ「不要化粧品ポイント交換」は、顧客がSDGsやエシカル消費を意識できるように配慮した。来店回数の増加は、ビューティーアドバイザー(BA)にとっても担当する顧客との接触頻度や売り上げの増加につながり、従業員のモチベーション向上も目指した。

　DMによって、施策開始後約4カ月で62%の顧客が店舗にて商品を購入。BAからも「毎月の特典を楽しみにする来店が増えた」「商品紹介しやすくなった」との声が寄せられた。

審査委員講評

顧客へのブランドメッセージ浸透だけでなく、ビューティーアドバイザーへの接触を促すことで、間接的に店舗スタッフへのブランドメッセージ浸透施策にもなっていることが秀逸だと感じました。　　　　　山口義宏

・DM診断・

ここが秀逸!

VIP顧客向けにプレミアムメンバーズカードを送付し、店頭で提示してもらうことで、ビューティアドバイザーにVIP顧客であることを知らせるように考えられた施策。結果として上位顧客に対する接客品質が上がっており、店頭施策のサポートとして非常に有効だった。上位顧客限定のコミュニケーションができるのは紙のDMならでは。仕掛けとしておもしろく、優れた企画をDMにうまく落とし込めている事例。

愛犬家の気持ちに寄り添う同梱物とキャンペーンでファン化を促進

思い出いっぱいプロジェクト

左から、
新東通信の北川克明氏、近藤茉結氏、
松下晃平氏、
ペットラインの岡崎順一氏

》 広告主　ペットライン
》 制作者　新東通信

staff　Adv 岡崎順一　CD 松下晃平　Pl 近藤茉結　AP 北川克明

POINT

情緒的価値を意識し、「残しておきたくなる」クリエイティブにこだわった。

DMの役割	主に見込み顧客の育成
発送数	383通
効果	レスポンス率67.1%
他媒体との連動	雑誌とのコラボレーション

戦略性・クリエイティブ・実施効果

**ブランド価値を感じる
プレミアムなプレゼントDMで
愛犬との思い出づくりを促進**

　ペットフードの製造・販売を行うペットラインは、ブランドのファン育成を目的に「思い出いっぱいプロジェクト」キャンペーンを実施し、これに合わせてDMを発送した。ターゲットは見込み顧客とも言える、過去のキャンペーンに参加していただいた犬を飼っているユーザー。

　ペットフードはコモディティ化が進み、機能面での差別化が課題となっていた。今回は見込み顧客に対して「あなたと愛犬の幸せな生活を願うブランドである」という情緒的な価値を感じてもらうため、リッチなプレゼント

を同封。内容はドッグフードのサンプル、オリジナルインスタントカメラ、オリジナルアルバム、マスキングテープ、リーフレットとキャンペーンの案内状。プレゼントは全てかわいいイラストでデザインし、キャンペーン後にも部屋に置いておけるデザインとした。インスタントカメラは、愛犬の写真を撮影し応募すると雑誌『いぬのきもち』に掲載されるインセンティブを用意。100枚以上の応募があった。

　ソーシャルメディアではDM到着の喜びを報告する投稿も見られたほか、後日行ったWebアンケートでは、キャンペーンについて「満足」が73.5%、「やや満足」が18.7%と9割以上から高評価を得ることができ、「ブランドを好きになってもらう」という目的を達成した。

審査委員講評

　ペットを飼っている人にはたまらないDMですね。自分もチワワを飼っているので、よくわかります。カメラなどのデザインも可愛くて好感が持てます。　　　　秋山具義

・ DM診断 ・

ここが秀逸!

　犬を飼っている見込み客に向け、ドッグフードサンプル、オリジナルインスタントカメラ、アルバムなどを送付したDM。溺愛している愛犬を写真に撮ってアルバムにしたいというインサイトを的確に突いており、ウェブアンケートで9割以上の人から高い評価を得た。

保険を売る側を対象にDMを発送し、商品情報との接点を増やした

お薬袋DM

左から、ADKクリエイティブ・ワンの山田一郎氏、メディケア生命保険の安部康恵氏、陣内恵多氏

》広告主　メディケア生命保険
》制作者　ADKクリエイティブ・ワン

staff　Adv 陣内恵多, 安部康恵　Pl 山田一郎　AE 田中匡幸

POINT
商品の通称をモチーフにした保険会社らしくないデザインで開封率を高めた。

POINT
保険代理店の従業員に発送し、話題化を狙った。

DMの役割	主に認知拡大
発送数	9000通
効果	12.82%がサイトへアクセス
他媒体との連動	Webサイト

新たな保険商品の認知拡大を目指したメディケア生命保険のDM

　メディケア生命保険は、入院期間の短縮化が進む近年の医療に対応し、入院・手術などを問わず、9疾病の治療を対象に公的医療保険制度が適用される約1400種類の薬剤が使用された場合に給付金を受け取ることができる新たな保険商品、通称「お薬保険」の発売に際しDMによる認知拡大を目指した。発送対象は保険の販売を行う保険代理店の従業員。

　DMでは商品の通称にかけて「お薬袋」や「診察券」をモチーフにしたデザインを採用。商品の世界観を全体で表現した。外見上は保険会社からのDMに見えないようにすることで開封率を高めた。保険代理店での話題化を狙った。

　DMには専用サイトのログインIDとパスワードを同封し、サイトへの導線とした。結果、総配布数の約13%がサイトへアクセスし、より深い商品情報への接触を行なった。

　通常、保険代理店の従業員は新たな保険商品の情報に強い興味・関心を持たない傾向がある。この課題に対し、保険会社が代理店やその従業員へ向けてDMを発送することは、過去に例を見ないダイレクトな試みだったこともあり、業界内でも高い評価を得た。また、営業活動との連動でも会話のきっかけとして活用された。

審査委員講評

保険代理店従業員に対して、「高額薬剤への給付金」対象の新保険を訴求、商品特性に合わせた薬袋のCRがシンプルで非常にわかりやすい。QRコード経由での詳細情報サイトアクセス率も高く、効果的なBtoBのDM。

椎名昌彦

・DM診断・

ここが秀逸!

保険代理店の従業員に向けて、新しい保険商品の発売を知らせるDMで、非常にユニーク。情報量はシンプルで分かりやすくまとまっており、いろいろな保険商品があるなかで、きちんと自社の新商品を印象づけることに成功している。

《 日本郵便特別賞 》

特定の領域について、突出して優れた作品を顕彰する特別賞です。
「戦略性」「クリエイティブ」「実施効果」の3軸の総合評価とは別に、
企業規模や用途にかかわらず、キラリと光る魅力を持つDMにスポットを当てるものです。

アナリティクス部門
さまざまなアプローチで顧客データを分析し、
DMが最大限に生きるターゲットとタイミングを割り出すことで行動喚起につなげたもの。

エンゲージメント部門
DMならではの特性を生かし、送り手と受け手を強く結びつけることに寄与したもの。
中長期視点における顧客との関係構築で、DMが重要な役割を果たしたもの。

ケアフォー部門
総合的にレベルの高いクリエイティブで、顧客に寄り添う誠実な姿勢が伝わるもの。
情報を過不足なく、わかりやすく訴求し効果を上げたもの。

地域コミュニティ部門
地域密着型企業の作品で、近隣のお客さまとのコミュニケーションを密にする工夫があるもの。
地域のお客さまに愛されるブランド作りの工夫がみられるもの。

はがき部門
はがきの限られた紙面内に最大限の工夫を凝らし、
コミュニケーションの質を上げることに成功したもの。

来店誘客部門
告知、集客を目的とする招待状において、有効な情報を記載し店舗への期待値を高め、
来店を促すなど、顧客の行動喚起を促したもの。

入選作品(二次審査を通過したもの)を選考対象としています。

DM AWARD 2020
日本郵便
特別賞
SPECIAL PRIZE

アナリティクス
部門

ターゲティングDMにAIを導入し
費用対効果もアップ

パーソナルAIで
100万人に100万通りのDMを

» 広告主　はるやま商事
» 制作者　はるやま商事

staff　AI開発　水野晴規、陶山嶺、西田仁徳

POINT

AIにより、顧客が次に購入する可能性が高い商品などを選んだ。

正しいAIアルゴリズムを組んで2つの課題を解決

　はるやま商事は、DMの効果を最大化し、かつ、対象者抽出の作業負担を軽減するという2つの課題を解決するため、AIを用いて、毎月、多くの会員顧客にDMを送付するプロジェクトを実施した。

　「DM効果最大化」に関しては、AIで顧客ごとの購買傾向や周期性を分析。はがき持参で来店し、粗利が最大化する可能性の高い顧客を選定した（送付顧客最適化）。「作業負担軽減」については、過去購買情報や年齢・性別・他顧客との相関性から、次に最も購入しそうな商品や、過去に購入した商品群とセットで購入する可能性の高い商品を全商品アイテム（約1,000）の中からAIで選定し（掲載商品最適化）、そのアイテムをクリエイティブにも掲載した。

　結果、2週間で最大140.5%（従来手法比）の売上改善が見られた。特に効果的だったのは、掲載商品最適化の手法。パーソナライズしたDM送付で1通あたりの売り上げ単価が改善（従来手法比104%）した。

目的	継続顧客化
DMの役割	注文促進／来店誘導
発送数	未公開
他媒体との連動	メルマガ、アプリ、CM、WEB
ターゲット	会員

審査委員講評

　実際にAIを活用したことが、活用しなかった場合に比べてどれぐらい成果に差が出るのかは議論もあると思いますが、新しい技術の活用に早期に挑戦されている姿勢が素晴らしいと思います。　　　　徳力基彦

エンゲージメント
部門

先輩ママの心に刺さるメッセージ
口コミブランディングにも成功

小学校の最初の1年、
よく頑張りましたDM

左から、
土屋鞄製造所の箱田果歩氏、
中橋達也氏

» 広告主　土屋鞄製造所
» 制作者　土屋鞄製造所

staff　Pr 中橋達也　CD ／ AD 箱田果歩

目的	継続顧客化
DMの役割	顧客コミュニケーション
発送数	未発表
効果	未発表

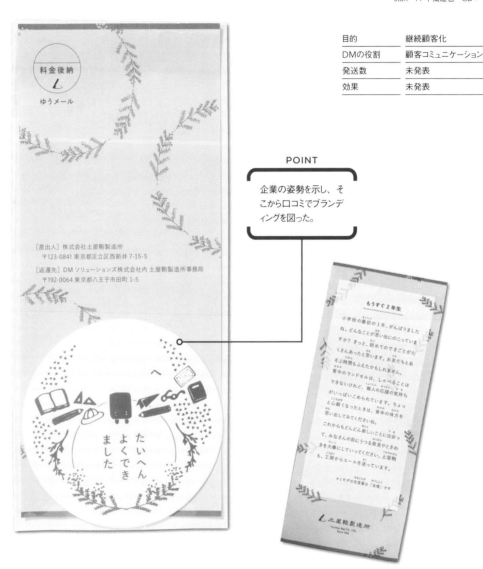

POINT

企業の姿勢を示し、そこから口コミでブランディングを図った。

心のつながりを重視したDMが顧客の感動を呼び起こす

　土屋鞄製造所は、自社のランドセルを購入した顧客との関係が疎遠になりがちな点を危惧していた。「ここで買って良かった」と思ってもらえるようなタッチポイントが欲しい。

　そこで、思いついたのは、同社のランドセルを使ってもうすぐ1年生を終える子どもへのDM施策。「小学校の最初の1年、がんばりましたね」の言葉とともに、「たいへんよく

できましたメダル」を同封した。メダルには、子どもが所見で「うれしい！」と思えるよう、金箔で、小学校に関係するモチーフを表現。商品やサービスの訴求は行わず、顧客の心に寄り添う姿勢を打ち出すことのみに集中した。

　その結果、SNS上にDMの写真と一緒に「感動した」「ここで買って良かった」などの好意的な投稿が35件上がった、子どもたちからも約10通のお礼の手紙が届いた。

審査委員講評

　購入後こそを大事に想う企業の姿勢が伝わり、ブランド醸成に成功しています。親子両方への応援と対話を生む契機になっている点も好感が持てます。もらって嬉しいDMはSNSへの共有などの効果をもたらすことを証明しています。　　　　明石智子

商品カタログ＋季刊雑誌の読み物効果で
保存性を高め受注率UPを目指す

O'clocca おくろっか

》広告主　ふくや
》制作者　ナインフィールド

POINT

写真などクオリティの高い冊子で、企業の本気度が伝わった。

目的	継続顧客化
DMの役割	注文促進／Web・モバイル誘導／ロイヤル顧客化
発送数	365,000通
効果	レスポンス率10.14%
ターゲット	60〜70代アクティブシニア世代（母）と30〜40代の娘世代

誌面にない情報はネットで新たなブランディングにつながる予感

ふくやでは、これまで、商品カタログを冊子DMとして、中元・歳暮といった贈答シーンに向けて夏と冬の年2回、顧客に発信していた。今後は、歳時記や記念日など、年間を通じてよりカジュアルなシーンにおいても、ギフトとして同社商品を利用してもらいたいと考え、そのための施策を考えた。

具体的には、従来の商品カタログに読み物をプラスして季刊雑誌へ刷新。家庭内で長く読んでもらい、贈り物をする機会づくりにつなげていくことを想定した。クリエイティブでは、文字情報としてのコラム的なコンテンツに加え、商品画像やシーンなど写真で語るコンテンツと、メリハリがあり飽きの来ない構成を目指した。誌面にはQRコードを記載し、スマホですぐに注文できるなど、オフラインとオンラインの融合も図っている。

刷新後の創刊号（夏号）では、今まで取り扱いのなかった調理器具や雑貨なども揃えた結果、これまでの贈り物プラス1品の注文が得られた。

審査委員講評

中元・歳暮ギフト市場縮小の中で、カタログ内容を商品関連情報や読み物に広げることで需要創出につなげようとするチャレンジ。単なるギフトカタログを超えて、顧客との新たな関係作りを目指している。　椎名昌彦

DM AWARD 2020

日本郵便
特別賞
SPECIAL
PRIZE

地域コミュニティ
部門

基本を理解しつくしたDMで顧客とのリレーションに成功

スマホ会員に対して手書きDMで退会防止率15.6%

左から、やまとダイニングの高橋信之
武氏、岸義宣氏、
ビートレンドの藤井洋孝氏

» 広告主　やまとダイニング
» 制作者　ビートレンド

staff　Adv／Dir 岸義宣　PL／AE 藤井洋孝　CD／AD／D 高橋信之武

POINT

手書きの宛名とメッセージ
の入ったDMは退会防止
に効果的だった。

目的	継続顧客化
DMの役割	休眠顧客の活性化／来店誘導
発送数	237通
効果	レスポンス数37
他媒体との連動	スマホアプリ
ターゲット	アプリ会員入会者、ロイヤルカスタマー

顧客に寄り添った情報配信が来店のきっかけに

やまとダイニングでは、リピーターの減少を実感していた。長期的には、人口減少とともに肉を食べる市場も小さくなる。そこで、リピーターの増加とロイヤルカスタマー育成を狙った取り組みを行うことにした。

具体的には、これまでの会員組織をスマホアプリをベースとしたものへ移行するとともに、ＣＰＭ分析を実施。アプリから得られる行動履歴データを基にグループ分けを行い、DMとアプリへのプッシュ通知、ＳＮＳも利用した。

また、最終利用から２年で退会となるスマホ会員に対しては、ロイヤルカスタマーの離脱を防ぐべく、確実に目に留まるはがきを利用。手書きの宛名に手書きの心温まるメッセージを添えることで、パーソナライズしたDMを送付している。

もてなしの心が伝わりやすいDMと、即効性の高いアプリのプッシュ通知を掛け合わせることで、15.6%の退会防止率をゲットすることができた。

審査委員講評

ロイヤルカスタマー化のCRMをまったくやらない店舗業界の中で、やまとダイニングはスマホ会員化やDMをやること自体が素晴らしいです！LINEやメールが当たり前となったデジタルの時代だからこそ、アナログな『手書きDM』が目立つし、お客様を思う気持ちが最高に伝わると思います！　加藤公一レオ

DM AWARD 2020

日本郵便
特別賞
SPECIAL PRIZE

はがき部門

「ありがとうを直接伝えたい」
顧客の心を揺さぶって、売上もUP
異動のご挨拶DM

左側、ホームドライ　山下良枝氏

》広告主　ホームドライ
》制作者　ホームドライ

staff　松廣千恵美、丸岡初江、高雄とし江、山本千秋、田中希実、佐々木洋子

POINT

似顔絵入りでシンプルな1to1の手作りハガキがなじみ客の心に響いた。

目的	継続顧客化
DMの役割	休眠顧客の活性化／来店誘導
発送数	2,699通
効果	レスポンス率19.90%
ターゲット	既存客、休眠顧客

心を込めた感謝のDMがつなぐ顧客とのコミュニケーション

売上が伸び悩んでいたホームドライでは、店長の他店異動が決定したことを機に、なじみの顧客への感謝の気持ちを直接伝えようと考えた。DMを選んだのは、シニア層の顧客が多く、メールやSNSでは訴求が難しいと考えたからだ。

はがきには、セールの告知とともにひと目でわかる店長そっくりの似顔絵と、顧客のひとりひとりに話しかけるような異動の挨拶文を掲載。読んでもらえるDMで来店を呼びかけた。

心の通う1to1のメッセージが功を奏してか、しばらく来店のなかった会員が差し入れ持参で来店したり、温かい言葉をかけてくれたりと、店長と顧客、双方の思いを汲んだコミュニケーションが生まれた。また、その状況を目の当たりにした新人スタッフからも、顧客との接客を超えた関係性の大切さを実感できたと報告があった。売上は、前年同時期に比べて167.8%、客数も147.5%。顧客単価も平均よりアップした。

審査委員講評

面白い「締め切り効果」の設定がなされたDMでした。通常、お店側の人事制度上のイベントでしかない「店長の異動」に、お客さまも巻き込んでかつ売上も伸ばしてしまおうというコンセプトは意外な新鮮さを感じさせました。もちろん、これが成功したのは、普段のきめ細やかな接客コミュニケーションが成り立っているからでしょう。コンセプトと共に、普段の接客の素晴らしさも証明したのではないでしょうか。私、このはがきが来たら、絶対、何かクリーニングに出したと思います、ズルい！(誉め言葉)。

大角聡

DM AWARD 2020

日本郵便
特別賞
SPECIAL
PRIZE

来店誘客部門

万全の顧客管理がもたらした
離反顧客のカムバック

もったいない！
ポイントようけ貯まってまっせDM

左から、銀閣寺大西の山本篤史氏、
片岡メディアデザインの武田明宏氏

》広告主　銀閣寺大西　本店（精肉店）
》制作者　片岡メディアデザイン

staff　Adv 山本篤史　Dir／AE 武田明宏　D 北岡直美

POINT

個人にひもづいた「ポイント数」と
いう情報で顧客の自分ごと化に
成功している。

目的	継続顧客化
DMの役割	休眠顧客の活性化
発送数	1,192通
効果	レスポンス率21.9%
ターゲット	離反予備顧客、離反顧客

個人にひもづいた「未交換ポイント」が「自分ごと化」を促す

　銀閣寺大西では、高齢化や競合店の出現、顧客の転居などにより、長く付き合いのある優良客が減って来たため、これを解決するためのマーケティング戦略を考えた。

　そこで目をつけたのは、「未交換ポイント」がある程度貯まっている顧客。一定量の未交換ポイントが貯まっている顧客の中で、離反予備顧客、離反顧客を対象に、未交換ポイントでお得に買い物ができることを知らせるDMを送付することにした。

　具体的には、3ヶ月に1度開催する特売イベントとガラポン抽選会の案内時に、未交換ポイント数を印字した。また、ガラポン抽選会参加の権利をオファーとしてつけたDMを4月、8月、10月の計3回送付した。

　その結果、DM発送数1,192通に対して、来店者261人、レスポンス率21.9%と、高いレスポンスを獲得することができた。また、転居などにより来店が困難になった顧客や住所不備などの判別もでき、自社顧客リストのクリーニングにも役立った。

審査委員講評

　「未使用ポイントをもったいない」と知覚させることで、離反顧客を高い確率で店舗に引き戻した施策は、すべての店舗業態で応用ができそうな汎用性の高さが印象に残りました。

山口義宏

《 入 選 》

一次、二次審査を通過し、最終審査まで進んだものの、惜しくも入賞を逃した入選20作品を紹介します。

2019年12月に実施した審査会の様子

工夫の詰まったDMでローコスト集客を実現

かつ丼アゲイン！
追加費用0円見込み顧客獲得DM

» 広告主　味一番
» 制作者　味一番

　味一番は、限られた広告費で効率的な新規集客を図る方法を模索すべく、ファンが新規顧客を連れてくるという集客の理想形をテストすることにした。トレンドワードとなった「かつ丼アゲイン！」をキャッチコピーに、ひと目で同社からのDMとわかるようなクリエイティブを作成、既存顧客99名に送付した。はがきの隅につけた三角形の「紹介クーポン」を切り取って友達に渡してもらうという手法を試みた結果、追加費用0円で見込み顧客7件をゲット。

上質なメッセージが上位顧客の心に届く

利用最上位会員へのクリスマスカード

» 広告主　小田急電鉄
» 制作者　小田急エージェンシー、ドリッパーズ

　「カード利用最上位会員に最大限に感謝を伝えることが、結果として利用継続にもつながる」。過去の分析からこのことを確信した小田急電鉄では、毎年、DMを楽しみに待っている顧客の期待に応えるべく、デザイン性の高いクリスマスカードを送付している。感謝の言葉を伝えるとともに、クリスマスプレゼントとして3000ポイントをプレゼント。会員から直接お礼状が届くなど、大きな反響があったほか、高水準でのカード利用継続にもつながった。

DMからスタートしてCSもアップ

非破壊糖度計特別価格キャンペーン

» 広告主　アタゴ
» 制作者　アタゴ

　アタゴは、小型化、低価格化を実現した画期的な糖度計を農家に訴求するための施策としてDMを採用した。果実にあてるだけで糖度を測定できることがひと目でわかるよう、大きめのイメージ写真を使用。キャッチコピーと価格が目立つ紙面構成にまとめた。その結果、目的であった直接取引と多くの受注を獲得することができた。また、直接取引の顧客から、使用状況などをヒアリングすることもでき、製品の改良や顧客満足度向上にも役立てている。

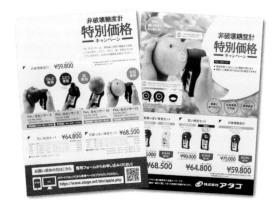

一夜限りの魔法のパーティーへようこそ

ジョイフルワンダーランドパーティー
特別招待状DM

» 広告主　小田急電鉄（現 小田急SCディベロップメント）小田急新宿ミロード
» 制作者　小田急エージェンシー

　ECの台頭により、リアル店舗でワクワクする体験が減少している。小田急新宿ミロードでは、ファッションビル本来のリアルな買い物体験価値を高め、来館につなげることが課題だと感じていた。そこで、会員向けの「おとぎ話」をテーマとしたイベントを初開催。招待状は封書DMとし、赤で統一。テーマにふさわしい特別感のあるデザインを意識した。当日は、クローズドイベントながら多くの顧客で賑わいに溢れ、想定の2倍を超える売上を達成した。

1日1枚使ってブランド体験を高める

DEWブライトニング美白
7日間体験セット

》 広告主　カネボウ化粧品
》 制作者　凸版印刷

　カネボウ化粧品はスキンケアブランド「ＤＥＷ」の新商品「ブライトニング美白ライン」の発売を記念して、7日間の体験セットが当たるキャンペーンを展開した。当選者に体験セットを送るDMでは、ブライトニング美白ラインの世界観を表現。フォトスタンドとしての二次利用も可能にした。7日間最後まで使い切ってもらうためのモチベーションづくりとして、7枚のカードを毎日めくるたびに新しいきらめきと出会えるような構成を工夫した。

驚異のレスポンス率を叩き出したロイヤル顧客向けプレゼントDM

保存性を高めレスポンスを5ヵ月維持した
上位向けDM

》 広告主　関西テレビハッズ
》 制作者　フュージョン

　関西テレビハッズでは、テレビショッピングの売上向上を目指し、上位顧客に長期間にわたって複数回購入を促す施策を考えた。日頃の感謝を伝える挨拶状と「送料無料」「10%オフ」「1000円オフ」の3種類のプレミアムクーポンと、クーポンを保存するためのクリアファイルも同封。封筒の外からもプレゼントがわかるようリボン柄のデザインを施した。その結果、61%超のレスポンス率と過去最高の受注金額を達成した。

ターゲットの持つバリアをDMの力で突破

ひっくり返そう！
上下不要の高卒採用DM

》 広告主　北大阪振興
》 制作者　ジェイ・ブロード、Nano

　北大阪振興は、業界にはびこる「ブラック企業」「高卒不利」のイメージを払拭し、高卒採用に成功する手法を模索していた。そこで、真面目に活動している同社の姿勢を公立高校の就職担当の先生に伝え、生徒にも同社を勧めてもらえるDMを考えた。「育む高卒力」「若さで世界をひっくり返そう」をテーマに、封筒に天地関係なく企業の特徴コピーを配置。パンフレットにも興味を持ってもらうことができ、通常の2倍の問い合わせ数を実現できた。

はがきDMを確実に届けて3倍の反応率を獲得！

経費対効果がチラシの1.5倍！
再来店促進DM

》 広告主　コラボレーション
》 制作者　ビートレンド

　コラボレーションでは、新聞折り込みやポスティングの手法に限界を感じていた。新聞購読率の低下やマンションのオートロック化によるレスポンス率低下が原因だ。そこで、ターゲットに確実に情報を届けられるはがきDMとスマホアプリやＷｅｂ、ラジオCMを組み合わせた。ＡＢテストを繰り返し、DMに載せる商品や特典、デザインを少しずつ変えるなど、改善を図った結果、最大で開始当初の3倍のレスポンス率を獲得することに成功。

ブランドのCRM認知を国産材のオーナメントで演出

HO! HO! HO! Christmas!

>> 広告主　サザビーリーグ
>> 制作者　サザビーリーグ

サザビーリーグが手がけたのは、ロイヤルティの高い顧客へ1年の感謝を込めたクリスマスDM。ブランドの熱狂的なファンを増やし、森林保全団体more treesと組むことで、ブランドのCRM認知も狙ったもの。DMには、国産材を使った木製のクリスマスツリーオーナメント制作キットを同封。DMを持参で来店すると、ラッピングを無料サービスする特典もつけた。ツリーのキットは好評で、無料ラッピングチケットにより、来店誘導にも成功した。

手書きコメントが光るone to oneDM

想いを届ける1枚
〜一言hagaki〜

>> 広告主　第一住宅
>> 制作者　第一住宅

第一住宅では、顧客が講座担当者との絆を深め、スタッフ自身もアイデアを出しわくわくしながら取り組める新たな事案として、想いの伝わるハガキDMを考えた。スタッフの夢や楽しいひとときをテーマにイラストを起こし、余白には、顧客をイメージしながら手書きのコメントを記入。反響は大きく、顧客からお礼の電話やはがきが届いた。教室や館内でもDMの話題で多くの顧客と触れあうチャンスが生まれた。継続率も過去最高の92.6％を達成。

顧客感情に配慮し、1年かけたアプローチDM

インターネットのセキュリティ強化に伴う
機種変更促進DM

>> 広告主　ソフトバンク
>> 制作者　トッパンフォームズ

インターネットのセキュリティ強化により、ガラケーの旧機種とみまもりケータイが利用不可になる事象が発生したため、ソフトバンクには「顧客不利益の告知」と「機種変更」という相反する目的を同時に叶える必要が生じた。封書のDMでは、別々のチラシで事象の告知と機種変更促進を行った。はがきDMでも掲載面を分けて告知。1年をかけて行った施策は功を奏し、目標を達成することができた。

模型ファンの製作意欲を刺激する仕掛けを満載

あえてアナログ的な
コミュニケーションを強化したDM

>> 広告主　デアゴスティーニ・ジャパン
>> 制作者　第一紙行

毎年送付する通販カタログの主要顧客は60代以上の模型作りファン。そこであえてアナログにこだわった施策を実施。巻頭を巻き折にするアイデアで、3ページいっぱいに五重塔の特大画像を載せ、スケール感を強調するなど、デジタルでは表現が難しい紙面ならではの魅せ方にこだわった。付録の特殊な紙ヒコーキはモノ作り好きな顧客の心に届き、また過去の購入者による完成作品を集めた「作品広場」は、読者の製作意欲を刺激すると共に、次回に繋がる施策にもなった。

メッセージを極限まで絞ったシンプルDMで新記録達成
LEXUS Premium 10days

» 広告主　東京トヨタ自動車（現：トヨタモビリティ東京）
» 制作者　バルフィス、マッドジャパン

　東京トヨタ自動車は、期間中の成約で国内外の高級旅館宿泊をプレゼントするキャンペーンを実施し、その告知DMをレクサスのオーナー向けに送付した。封筒にクラフト紙、挨拶状にトレーシングペーパーと手触りにこだわることで、開封率の向上を試みた。本紙では敢えて素材を粗く仕上げラフさを出すなど、上品さの中にカジュアルさを出すよう心がけた。効果としては、10日間で95台を売り上げ、同キャンペーンの中で新記録を達成した。

テレワークの疑似体験でモチベーションUP
デジタル行動で可変！
モバイルワークスタイルブック

» 広告主　日本HP
» 制作者　凸版印刷

　日本HPでは、真のテレワーク普及とIT部門の積極的関与を目指し、大企業向けにパーソナライズしたeDMを送信。その反応を見ながらDMを発送した。クリエイティブは、テレワーク活用時のファッションを相手先ごとに編集した印象的な写真集。テレワークを疑似体験してもらおうという試みで実施した。さらに、テレマーケティングで相手先のプロファイリング、ナーチャリング策へつなぎ、ターゲット到達率は80％を超えた。

自慢のクリエイティブでやさしさよ届け
影絵こいのぼり

» 広告主　BUTTON
» 制作者　BUTTON

　子ども向けデジタルコンテンツ専業の制作会社である同社は、毎年、こどもの日にクライアントや取引先宛てにDMを送付している。この年は、子ども向けコンテンツの発想力と表現力を訴求でき、かつ、受け取った人が子どもと一緒に関わりを持てるものを作成した。DMは影絵で泳がせる鯉のぼり。売上にはつながらないが、取引先からの「子どもと一緒に遊んだ」というメッセージやSNS上での評価を数多く得ることができた。

ブランドを印象づける清々しい木の香り
プレゼント付きDMで
オーガニックのXmasをお届け

» 広告主　メルヴィータジャポン
» 制作者　西川コミュニケーションズ、HOTLINE

　ブランドらしい世界観で、クリスマス時期の売上増と顧客へのブランディング強化を目指したのは、メルヴィータジャポン。クリエイティブでは顧客に楽しんでもらうことを意識した。ブランドにマッチする間伐材を使用した木製オーナメントはDMを開けた瞬間木の香りがし、部屋に飾るだけでクリスマス気分を高める。「全身ケアセット」がもらえる来店特典チケットも同封。顧客の満足度も高く、ブランドイメージが向上するような意見が多く寄せられた。

VIP感溢れるインビテーションDM
楽天オープン招待状2019

» 広告主　楽天
» 制作者　楽天

　楽天では、VIP顧客に楽天オープンの招待状を送付。通常のDMとは異なる特別感と郵便物としての見栄え、奇抜性を重視し、色彩や素材にもこだわった。また、テニスのスピード感と緊張感を表現しつつ、企業が送付する招待状とわかるようなデザインも工夫した。ブランドとしてのビジュアルデザインのクオリティや面白さをアピールする企画にもなっている。DM送付の結果、前年度（66.1%）より、出席率が向上した（66.6%）。

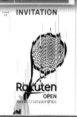

生産性の向上にThinkPad! 高レスポンスを獲得
働き方改革を応援するレノボの
リード獲得のための施策

» 広告主　レノボ・ジャパン
» 制作者　博報堂

　日本におけるスモールビジネス・マーケットが未開拓だったレノボ・ジャパンは、リードを獲得すべく、2300社をピックアップし、情報システム担当者宛にDMを送付した。ThinkPadの外観を模したDMは、ThinkPadのベネフィットを強く印象づけると同時に、DMの保存性を高めるために、ユーザーとノンユーザーを比較するカレンダーになっている。結果は、BtoBのリード獲得という目的に対して、レスポンス率"5%"という好成績だった。

森の空気が伝わってくる招待状DM
森のオフィス Meet up in Tokyo

» 広告主　RouteDesign
» 制作者　RouteDesign

　RouteDesignでは、地方に関わりたい都心在住の会員に東京で行うミートアップへの招待状を送付した。標高1000メートルの森に位置するコワーキングスペースの空気感をトレーシングペーパーの封筒で表現。会員データベースをもとに、個々の会員に合いそうなプロジェクトをレコメンドするとともに、スタッフの手書きメッセージを添えるなど、イベントへの参加意欲を高める工夫をした。移住2名、クラウドファンディング支援5名を獲得。

平成30年間の出来事を思い出して! DM
MEMORIAL MOOK

» 広告主　Y's
» 制作者　ストアインク

　Y'sは、顧客とのコミュニケーションの手段として、長年、同社をひいきにしてくれた顧客に感謝の気持ちを伝えるためのDMを送付することを考えた。クリエイティブには、同社が30年間、毎年その時代の象徴などをテーマに、悩みながら作成し続けてきたDMの写真を並べた。顧客にもこれを見て、その時々のことを思い出して欲しい。平成というひとつの時代を頑張って生きてきたことを思い出してもらいたいという真摯な思いを伝えようと考えた。

入塾率が飛躍「受験生の母子手帳DM」に栄冠

第34回全日本DM大賞のグランプリに、
東京個別指導学院の「受験生の母子手帳DM」が選ばれ、主催する日本郵便が3月6日に贈賞を行った。
「教育の仕事は人を幸せにすること。その思いを言葉に託したのがこのDMです」と同社の齋藤勝己社長。
受験生と保護者の心情に寄り添うDMを、母子手帳という形で仕上げたマーケティング部の笹嶋理恵子さんは
「普段から教室の現場で行っていることをDMという形でも届けることができ、
受け取った人からありがとうと言ってもらえて嬉しいです」と話した。

高い戦略性で
成果を上げる「DM」が増加
テクノロジーとの連携にも期待

第34回全日本DM大賞は、裏側の戦略がしっかりと練られたものが成果を出すとともに、
審査でも高い評価を得た。
一般的にデジタル施策をメインとする企業が多い中、紙のDMならではの効果が上がるものもあり、
紙のDMの有用性も見直されている。
審査会での議論を振り返るとともに、今後のDMに期待することを聞いた。

シンプルなクリエイティブで戦略性の高いDMが増えた

恩藏：今年はデザインの派手なDMが少なくなった一方で、戦略性をしっかりと備えたDMが増えたと感じます。今回グランプリに輝いた東京個別指導学院のDMでは、ターゲットである親のインサイトを的確にとらえています。母子の絆を連想させる母子手帳を取り上げて、顧客分析に基づいて、最適なタイミングで心に響くDMを送付することにより、着実な成果を上げています。

> 派手なDMよりも、
> 戦略性をしっかりと備えたDMが
> 増えている
>
> 恩藏 直人

藤原：塾のDMは、封筒にマンガなどを配して興味を引くものが多いですが、これは絆といった情緒的なところを攻めていて、切り口が新しい。親はみんな共感するのではと思いますし、親が共感したその先で友人を紹介するという流れが非常にうまくできています。クリエイティブもシンプルで分かりやすいですね。

徳力：この流れで紹介しませんかと言われると、「こういうところなら紹介しようかな」と思いますよね。紹介する前に自分で確信を持てるという仕掛けがすばらしい。

大角：受験生の親が抱く漠然とした不安に安心感を与え、心を動かすDMですね。

明石：思春期で会話しにくい親子の会話のきっかけとなっているのも、関係性をつなぐことが得意なDMならではだと思います。

山口：金賞および審査委員特別賞実施効果部門に選ばれたソフトバンクも戦略性が非常に優れています。解約率が低い顧客の条件をスクリーニングしてターゲットに定め、10年先を見据えて中長期的に収益化するという目の付けどころがすばらしいです。LTV（顧客生涯価値）を上げて囲い込むという点では、ビジネスストラテジーとして最も洗練されたものです。

椎名：仕掛けに大きなコストを掛けず、シンプ
ルなのに成果が出ているところがすばらしい。

藤原：1回目は親に向けて「子育て応援クラブ」を訴求して顧客のベースをつくってから、2回目に「キッズフォン」を訴求するという2段階のステップがよく考えられていますよね。データを収集するやり方も含めて、うまくDMを使っているなと思いました。

大角：今後、同じようにターゲティングやセグメンテーションにテクノロジーを用いたDMが増えていくでしょう。その先駆と言えるDMだと思います。

椎名：銀賞を受賞したいなげやも、戦略がすばらしいです。休眠顧客を復活させるための仕掛けはクリエイティブ的なアイデアや、今来店すれば半額といった刺激の強いオファーが多いのですが、それでは費用対効果が非常に悪い。一方、これはポイントの失効という、すでにある要素を使っているので、追加のコストがかかっていないうえ、非常にシンプルなクリエイティブで効果を上げています。

藤原：はがきを使いながらも、あえてシールをはがしてポイントを確認するようにしたことで、開封に似た動作をさせるというのも、よくできているなと思いました。

佐藤：DMはもちろんですが、離反理由を電話で聞くという地道なコミュニケーションもすばらしいです。

DMならではの特徴を生かしインパクトを与える

木村：金賞の千趣会は、クリスマスに向けていろいろな化粧品を試しながらきれいになるという、盛り上がりの心理を捉えたカスタマージャーニーの設計がうまいと思います。また、よくあるステップ1、ステップ2というスキンケアの流れに沿った構成ではなく、いろいろな種類の化粧品を使わせるようにしたことで、

> 昨年と比べて、
> 生活者の立場から発想した
> 体験型のアイデアに多く出あえた
>
> 木村 健太郎

クロスセルにもつながっています。

徳力：優良顧客に対して特別感を与えることにも成功していますね。遊び心もあって、サンプリングなのですが、サンプリングのように感じさせない。

明石：サンプルは、もらったはいいけれどなかなか使わないという場合も多いのですが、これであれば、クリスマスまでにきれいになるという目的に向かって使う気になりますよね。また、カレンダー仕様で壁に掛けられるので、常に手元に置いておけるという点もいいですね。

山口：同じく金賞のアウディ ジャパン「毎年進化する『型破り』なAudi正月DM」は、昨年の作品よりもクリエイティブのインパクトが増しました。「型破り」という商品ブランドのメッセージにお正月のモチーフをうまく取り入れられており、成果も出ています。

椎名：企画として完成度の高いものに仕上がっています。鏡割りの木槌を送り、何を訴求し

> 派手さはなくとも、
> 基本に立ち返った戦略で
> 成果を出しているものが多かった
>
> 椎名 昌彦

ているのかも分かりやすくなっていますよね。

秋山：鏡割りをやってみたい人間の心理をうまく突き、店頭に来てもらうという設計がうまいと思います。

山口：アウディ ジャパンは「Audi Q5をクロスメディアで訴求するDM」も銅賞を受賞しています。雑誌の抜き刷りをDMにするという手法は昔からあるオーソドックスなものですが、クオリティが高く、しっかりとコアターゲットに刺さる手堅い良い仕事にみえます。

木村：銀賞と審査委員特別賞クリエイティブ部門に輝いたアンティー・グループは、クリエイティブはもちろん、アイデアが非常に良かった。年賀状はたくさん送られてくるので一度しか見られないうえに、DMは捨てられてしまうことが多いのですが、送付タイミングを年末にずらすことで捨てられずに見てもらえるようになっています。

秋山：すぐには捨てられず、紙飛行機を折っ

たうえでゴミ箱に飛ばして捨てるという設定もいいですよね。デザインもすばらしいと思います。デザイン性でいえば、銀賞のGoogle for Educationもよかったと思います。

明石：質感も相まって印象に残りますよね。デスクまわりで使用できるメモパッドのオファーも、印象づけに一役買っています。

椎名：今年の応募作品はBtoBが多いと感じますが、人手が少なくなり、これまでのように営業担当者が足と電話で稼ぐことができなくなってきたために、ファーストコンタクトにDMを使うことが増えているのかもしれません。また、メールが開封されなくなり、デジタル系のコミュニケーションも飽和状態になっているので、その中で突破口を開く手法として紙が選ばれている。この先、BtoBのDMが意外と伸びる気がしますね。

テクノロジーを使った
パーソナライズ化広がる

徳力：銀賞と審査委員特別賞データドリブン部門を受賞したゆこゆこホールディングスは、昨年のグランプリであるディノス・セシールと同様に、テクノロジーを駆使して訴求内容と送付タイミングのパーソナライズ化を行い、高い成果を上げています。会員誌とウェブを中心にプロモーションを行っていた中堅企業が、ディノス・セシールを参考に、新たな仕組みを構築して結果につなげているところがすばらしいと思います。

椎名：銀賞のアテニアも、送付タイミングをパーソナライズ化しており、そのために印刷手法をフルオンデマンドにしています。クリエイティブもある程度テンプレート化し、コストを削減しながらもうまく訴求内容のパーソナライズ化につなげています。一見地味な手法に思えますが、水面下ではワークフローを変え

るなど、ものすごいことをやっているんです。

加藤：DMアプローチの構造が、プロから見てうまいなと思います。僕がクリエイターなら、こんなDMをつくりたいですね。美容系でいえば、銅賞を受賞したDECENCIAは、購入可能性の高い敏感肌の人をスクリーニングする仕組みで新規流入を強化し、サンプル送付後も使用してもらえる工夫を行うなど、丁寧な設計がされていました。同じく銅賞を受賞したエーザイは、LTV最大化を丁寧に行っており、効果実感を上げることで商品価値を上げ、継続利用を促す設計がすばらしいと思いました。

佐藤：銅賞のベアエッセンシャルは、店頭との連動をうまく行っており、ビューティーアドバイザーの方のサポートにもなっています。

明石：優良顧客に独自のサービスを提供すると同時に、店頭への送客効果と社員のモチベーションアップにもつながっていますね。

山口：アースケアも銅賞を受賞しています。読み物としてボリュームは大きいですが、ライティングが上手で、非常に読みやすくなっていました。これこそ、リアルのコンテンツ

マーケティングですよね。

加藤：きちんと順番に読んでもらうように、ストーリーができていました。派手さはないけれど、すごくしっかりとつくられています。単品通販の本質は、LTVを最大化するところにあります。アテニアやアースケア、DECENCIAのDMは派手ではありませんが、単品通販の基本に忠実で丁寧。こういった顧客育成が一番売れるんです。

佐藤：商品の強みは、伝わっていなければ存在しないも一緒です。今回はアースケアがその典型ですが、強みを伝えるということを、お客様の立場に立ってきちんと丁寧にやり切るだけでも、差別化につながるということを実感しました。

新しい切り口での
DM活用も

木村：銀賞に輝いた謎屋珈琲店は、金沢の街の喫茶店。店内のデザイン、DMによる問題

提示、クイズを解きに行くという来店心理が
しっかり合致していて、美しいと思いました。

加藤:街の喫茶店という小さな規模で、そこ
までできるのがすばらしいですね。

佐藤:茨城の住宅メーカー、ノーブルホーム
も銀賞を獲得しました。DMで内定辞退の
防止という切り口は新しくておもしろい。人
手不足は企業の課題になっていますからね。

明石:手紙という琴線に触れるメディアは、
もらって嬉しいもの。特に、あまり手紙をも
らうことに慣れていない世代にとっては、斬
新に感じられるでしょうね。

木村:銅賞のペットラインも、犬を飼ってい
る人のインサイトを突いていますよね。

これからのDMは、
デジタルとの融合が不可欠

秋山 具義

秋山:同封のインスタントカメラでペットを撮
影して、犬を散歩しながら現像しにいくとい
う絵が浮かびますし、カメラやリーフレット
のデザインにも好感が持てます。

佐藤:同じく銅賞のアメリカン・エキスプレス・
インターナショナルは、日ごろ話題にならな
いクレジットカードを話題にさせるというイ
ンサイトの突き方がおもしろいと思いました。

秋山:紹介カードもトランプにシールを貼って

渡すようになっており、財布や名刺入れに入
るサイズで持ち歩きやすいところもよくでき
ています。

世界観を貫いたクリエイティブで
ブランディングに貢献

加藤:銀賞の東京電機大学は、5年前から一
貫したテーマを貫き、ブランディングにつな
げていますね。

明石:目標とする成果もしっかりと出ていま
す。毎年SNSでも話題になっているので、受
験生の獲得にも実際に効果を生んでいるの
ではないでしょうか。

椎名:銅賞のカオナビは、DMならではのギ
ミックも用いながら、テレビCMと一貫した
クリエイティブでサービス紹介をしていると
ころがすごいと感じました。

木村:デジタルのサービスをアナログで再現し
ているところが非常におもしろいですよね。

顧客の心を動かすことを
しっかりと考えられている作品が
選考に残った

藤原 尚也

藤原:同じく銅賞のビー・エム・ダブリューは、
ブルーノートのブランド感とDMを通して得
られる顧客体験を一体化できています。

木村:クリエイティブの世界観がいいですね。

山口:銅賞のメディケア生命保険は、薬袋の
クリエイティブがシンプルで分かりやすく、
いいと思いました。

木村:インパクトがあり、商品を印象付ける
ことに成功していますよね。

秋山:銅賞のトッパンフォームズは、冷蔵庫
の形をしたDMが届いて、冷たいものが出
てくるというアイデアがいいと思います。令
和に掛けているんですよね。

徳力:レイアウトも上手です。BtoBのDMで
ここまでがんばっているのがすごいと思いました。

大角:オプテージも銅賞を受賞しています。
ウェブサイトをあまり見ないシニアに向けて、
紙を活用し、成果を出しています。

デジタル時代だからこそ、
DM特有のシズル感と
メッセージ性の活用が重要

大角 聡

佐藤:入電抑制にも役立っていて、コスト削
減も実現できているのが評価できますね。

データドリブンな全体施策の中で
戦略性の高いDM活用に期待

椎名:今年は、よく考えられた仕掛けをうま
く紙に落としているものが多かったように思

います。クリエイティブ自体も、凝ったものよりシンプルで分かりやすいものが多かったですね。今後は、データテクノロジーとオンデマンド印刷技術の一般化、そしてそれに伴う高レベルの戦略アイデアとクリエイティブの組合せを目指した作品に期待したいです。

大角： データドリブンDMのレベルが着実に上がっていることを感じました。一方で、上位には紙媒体ならではのシズル感やメッセージ性を活用したDMも目立ちます。デジタル時代だからこそのアナログという逆張りが、効果的に作用しているのでしょう。

佐藤： デジタルのみで勝負する会社が多い一方で、デジタルにリアルを組み合わせることで強力な差別化になります。そういった意味で、リアルを実行するためのDM、そしてそのベースとなる顧客の名前と住所が、実は極めて重要な資産なのだと感じました。また、DMは戦略の実行や課題解決の手段の一つであるべきです。金賞のソフトバンクは、まさに戦略を実行するためにDMを使ったわけであり、そのためには、まず戦略をきちんとつくることが必要です。しっかりした全体戦略を考えることで、その手段としてのDMもきちんと成果をあげられるようになるのだと思います。

徳力： 審査を通し、効果測定に対する姿勢が、二極化しつつあるように感じました。紙のDMの一番の良さはデジタルには難しい手触り感のあるコミュニケーションですが、受賞作に見られるように、小規模店舗でもクーポンやアプリを組み合わせたり、SNS上の投稿を確認したりすることで、受け取った側の心が動いたかどうかを確認する手法は増えています。自社なりの方法を模索できれば、さらに良くなるのではないでしょうか。

加藤： 多くの会社がLTV最大化指標を継続率としてDMをつくっていますが、クロスセルを指標としてうまく設計しているDMも、そろそろ見たいですね。

購買検討のタイミングなどから、裏側の仕掛けを緻密に設計したものが増えた

山口 義宏

山口： 今後は、表面的なクリエイティブではなく、顧客の気持ちと行動という視点で、購買検討のタイミングや最適な接点メディアといった裏側の仕掛けを緻密に検討したものを期待したいです。

藤原： テクニックで成果を上げているDMもまだまだ多いと感じます。全体がデータドリブンなマーケティングプランの中で、DMを効果的に活用している作品に出あいたいですね。

DMならではの表現力や伝播力、人肌感を徹底的に研究した作品が多い印象

明石 智子

明石： DMを活用される企業の領域が広がっていますが、今後はカオナビのようなデジタル業界での活用にもっと期待したいですね。BtoBにおける活用も広がっていけばと思います。また、ゆこゆこホールディングスやアテニアのように、データ連携によるリアルタイム性の追求や一人ひとりに対するブランディングも、さまざまな企業に活用されていくことを期待しています。

（敬称略）

効果を高めるDMのための企画・制作チェックリスト

「全日本DM大賞」審査会では、審査委員をうならせる作品が多く集まった一方で「惜しい」と評されるものも少なくありませんでした。戦略性やクリエイティブなアイデアと細部へ

の気配りのバランスこそが重要で、その上でストーリーの一貫性が優れているものが上位にランクインしたと言えそうです。審査委員の声から4つのポイントを挙げました。

 ## 伝えたいことは明確ですか?

DMはテレビや新聞などのイメージ広告とは違い、明確な目的のもとで行うものです。ところが、来店を促したいのか、Webサイト経由で注文を取りたいのか、資料請求につなげたいのかなど、「何をしてほしいか」が伝わりにくいDMが少なくありません。複雑な仕掛けを施したDMほどその傾向が見られます。行動を起こさせることがDMの目的。電話番号を記載するだけでなく、「電話ください」と入れないと明確には伝わりません。アイキャッチからオファーへの動線はスムーズか、再度チェックしましょう。

 ## 情報を盛り込みすぎていませんか?

お得な情報が詰まったDMは、興味のある生活者にとっては嬉しい半面、受け手にとって負担にもなります。また、情報を盛り込みすぎると本当に読んでほしいオファー部分に到達しないかもしれません。情報量が適切かどうか、ぜひ見直してみることをお勧めします。例えばDMでのメッセージはシンプルなものにとどめ、詳しく知りたい人にはWebサイトに誘導するという方法もあるでしょう。また、読ませるストーリーづくりやデザインを整理するなど工夫次第で、同じ情報量でもすっきり見せることもできます。

 ## 細部に気を配っていますか?

DMは「手に取らせる」ことで受け手に驚きや喜びを与えることができる広告媒体です。封書や宅配便を使って送り手から受け手へ届けられ、「贈り物感」「特別感」を演出することができます。もっとも、「特別」だからこそ、細部のちょっとした配慮が欠けていると、そればかりが目に付いてしまうことにもなりかねません。プレミアム感を出したい場合は封筒の手触りや印刷にも気を配るべきでしょう。また、使用する写真や送付状のメッセージなど細部に工夫を重ねることで、送り手の思いがより伝わるものです。

 ## コピーは練られていますか?

DMの成否を占うのはクリエイティブにとどまらず、ターゲット分析から事後のフォロー、クロスメディア展開などさまざまな要因があります。とはいえ、コアとなるのはDMそのもの。しっかり読ませるコピーワークが欠かせません。DMのコピーはマス広告のコピーとは異なります。行動を促す言葉、具体的なメリットをどう効果的に出していくかが重要。一方、送り状のメッセージなどは、温もりが感じられる手紙のような文章が効くでしょう。デザイナーとコピーライターがタッグを組んでこそ、効果的なクリエイティブが生まれます。

審査委員紹介 （順不同・敬称略）

審査委員長

恩藏 直人
早稲田大学 商学学術院 教授

DMの魅力は、視覚や触覚などセンサリー（感覚面）で評価できます。しかし、効力となると、上記に加えてターゲティングやタイミングなど戦略面がものを言うようです。今回グランプリに輝いた「東京個別指導学院」のDMでも、センサリーでわかる母子手帳というアイデアに加えて、入塾後3カ月以内に兄弟や友人の紹介が生じやすいという顧客インサイト分析に基づいて、受験生の保護者を対象にタイミングよく送付しています。派手なDMが少なくなる一方で、戦略性をしっかりと備えたDMが増えているようです。

秋山 具義
デイリーフレッシュ
クリエイティブディレクター
アートディレクター

全体的に見ると、平均的に良いものは多かったと思いますが、昨年のグランプリ作品のような驚きはなかったのは残念でした。
紙とデジタルの融合は、これからのDMには不可欠だと思いますが、まだ完璧なものは出てきていないと思うので、次回に期待したいです。

加藤 公一 レオ
売れるネット広告社
代表取締役社長

一昔前はマスのような使われ方をされた派手な宣伝型DMが多かったのですが、今年のDMは堅実に「LTVが最大化できそうな本質的なロイヤル化DM」が多かったように思います。しかも、単純な売込みのハガキのDMはほとんどなく、ギミックや設計がとても上手い「仕組み化」されたあらゆるDMに感動しました！WEBのメルマガがマネできないような、より「DMならでは」のギミックがさらに進化した作品を次回も楽しみにしております！

佐藤 義典
ストラテジー&タクティクス
代表取締役社長

今回感銘を受けた点は2つあります。1つは、店頭との連動性を高めた「来店促進」の成功例が目立ったことです。ネット販売対策に悩む実店舗の大きな課題が「来店促進」ですが、DMはその課題解決になり得ます。もう1つは今更ながら「丁寧なコミュニケーション」の重要性です。自社の魅力は伝えた「つもり」でも伝わっていないことが多いものです。2点に共通するのが「伝える」ことでお客様の行動を変えられる、ということです。次回もそんなDMを期待しています。

椎名 昌彦
日本ダイレクトメール協会
専務理事

今年のDM大賞は「戦略アイデア」の光る作品が評価されました。ここ数年はデータ活用によるCRやタイミングの最適化などDMの技術的な進化が目立っていたのですが、こうした動きが消化され、パーソナライズやデータ分析が一般的になってきた中で基本に立ち返ったものが多く感じられました。グランプリの「母子手帳」やソフトバンクの家族囲い込みの仕組みなど、是非実際の企画の参考にもしていただきたいですね。

藤原 尚也
アクティブ
CEO

今回も素晴らしい作品ばかりで驚きました。デジタルの進化により、DMの存在意義も変わってきていますが、原点回帰＝シンプルに触れてお客様の心を動かすことをしっかりと考えられている作品が多く最終選考に残っていると思いました。デジタルはあくまでもツールであり、大事なのは、お客様に何を伝えて、どう感じてもらい、最終的な行動に移すか？です。是非、次回もお客様目線で作られた作品に多く出あい、驚かせて欲しいです。

山口 義宏
インサイトフォース
代表取締役

審査は3年目となりますが、全体的に応募作品のレベルは上がり続けている印象です。傾向としては、見た目の表で見えるクリエイティブそのものではなく、顧客の購買検討のタイミングや接点など、裏側の仕掛けを緻密に検討したものが増えた印象です。デジタルと紙媒体の連携は今後更に増えていくのは間違いないですが、その裏側の仕掛け設計の緻密さで唸ってしまうようなDMに今後期待したいと思っています。

最終審査委員

明石 智子
電通ダイレクトマーケティング
執行役員

今年は、原点に立ち返り、手触りあるDMならではの「表現力」「伝播力」「人肌感」を徹底的に研究して、戦略的に課題を解決していた作品が多い印象でした。周りとの対話や巻き込み・共有、五感をフルに活用する疑似体験、わかりやすい理解などを目的にストーリーを丁寧に組み立て、ブランディングやエンゲージメントに寄与するDMが増えてきています。デジタルとの効果的な合わせ技と若年層へのユニークなアプローチには今後も期待します。

木村 健太郎
博報堂ケトル
ファウンダー/取締役
エグゼクティブ クリエイティブディレクター

テクノロジーやメディアのイノベーションは、生活文化のイノベーションをもたらします。今年は昨年と比べると、生活者の立場から発想し、生活によりそう物語を紡いでいく体験型のDMのアイデアにいくつも出会えました。触ることのできる生活空間メディアとしてのDMのポテンシャルを改めて感じた審査でした。

徳力 基彦
アジャイルメディア・ネットワーク
アンバサダー/ブロガー

グランプリの作品に見られるように、DMを受け取った人が感動し、その感動をまわりの人に伝えようとするエネルギーがDMでは生まれやすいと感じます。これはなかなか電子メールやチャットでは難しいこと。そういう意味で、来年は今年のグランプリのように、DMを受け取った人だけでなく、受け取った人がまわりの人にどう伝えるかまで含めて設計したDMが増えることを期待したいです。

大角 聡
日本郵便
郵便・物流営業部長

今回は、クリエイティブ、特にメッセージ性の強いものが、印象に残りました。ここ数年、デジタルマーケターの野心的なデータドリブンDMが多く、今回もそのレベルは着実に上がっていました。そのような中でも、紙媒体の特性を活かした「伝わるDM」が上位で多数を占めたというのは、「デジタル時代だからこそのアナログ」という逆張りが効いているということです。DM特有のシズル感とメッセージ性の活用が、デジタル時代だからこそ重要になっています。

二次審査委員

岩野 秀仁
マーケティングコンサルタント

今年の傾向として作り手が受け取り手のことをよく理解して、その上でしっかりとしたメッセージを伝えようとしているDMが多く見受けられました。その一方でDMを手紙という私信的な側面で見ると、受け取り手に対して丁寧さを少し欠いているのではと思う作品もありました。全体を見回しても、派手さはなかったものの、DMとしてのレベルは上がっていると実感させられました。

岡本 幸憲
グーフ
代表取締役

受賞をされたみなさま、「おめでとうございます。」"伝えたい"気持ちが詰まった、クリエイティビティーの高いDMと触れることができ、楽しさや優しさが伝わる"お手紙"の素晴らしさを実感することができました。データ・ドリブンやデジアナ施策では"AI"が目立ち、温かさが伝わるDMが少なかったことがとても残念です。次回はCXをもっともっと意識した作品に期待したいです。

奥谷 孝司
オイシックス・ラ・大地
執行役員 COCO
顧客時間
共同CEO 取締役

年々企画も内容も充実してきており、応募者のレベルの高さに感心させられることが多かった今年の審査会でした。一方で、荒削りだけど深く印象に残るものや、新しいDM活用手法は見受けられなかったように思います。このような所感が出たのは、DMとデジタルの融合、成果の定量化、応募者のレベルアップが進んだからだと思いますが、来年はこの現状に満足しない、今までにないDM活用方法が出てくることを期待しております。

河中 裕哉
ADKマーケティング・ソリューションズ
ダイレクトビジネスセンター
クリエイティブ・ディレクター

緻密な戦略も尖った表現も大切だと思いますし、この選考の賞に選ばれることも、ある意味での功績かもしれません。が、それよりも何よりも、DMを送った後のお客様からの直接の反響こそが、施策の真価だと思います。どんなアイデアも努力も技術も、そのためにある。だからこそDMの世界は厳しく、面白い。今回の審査では、そんなことを改めて強く思いました。

畠中 陽子
畠通
代表取締役社長
販促コピーライター

審査員1年目です。DMならではの現物性をとことん追求した作品、低予算で工夫して成果を出した作品等に出会え、DMオタクとして胸躍る時間でした。全体的に少しもったいなかったのが、応募用紙の書き方。作品自体は魅力がありそうなのに、応募用紙が説明不足なために評価が下がることが多いような…ぜひ書き方をマスターして来年もチャレンジしていただけたら嬉しいです!

早川 剛司
東京個別指導学院
マーケティング部　部長

4回目の審査会でしたが、一言で表現すれば「Back to basics」。
DMメディアの持つ基本セオリーをしっかり理解した作品が多くなり、好印象でした。デジタル×アナログも盛んに発信される昨今ですが、本来持つDMの役割を今一度再認識する必要性も感じていた中、審査会の議論も良い節目になったと感じます。
このステップを踏み、デジタル融合の文脈に一歩踏み入れたいですね。

吉川 景博
フュージョン
営業グループ
エグゼクティブマーケティングディレクター

AIを活用したセグメントの工夫や、クリエイティブ表現の裏にしっかりとした戦略が見え隠れするものなど、特別に凝ったギミックや派手さはなくとも緻密に練られた作品が多くありました。全体的なレベルはかなり上がっていると感じました。ただ、誰もが「これぞグランプリ!」と言える作品はなかったので、次回はデータ活用もクリエイティブもすごい!という作品を期待しています。

米村 俊明
電通ダイレクトマーケティング
取締役　執行役員

今年もデータによるパーソナライズや、QRコードで動画サイトへリンクさせる手法など広義のデジタル活用が増加する中、セールス色なしでお客様へ謝意のみを伝える「手紙」や、内定辞退防止のための企業からの「手紙」など、企業ブランド形成に寄与する作品が目を惹きました。DMを顧客体験の一部と捉え直すことで、戦略から表現まで新たな可能性を広げる作品に今後も期待します。

中垣 征也
日本郵便
郵便・物流営業部
係長

今年のグランプリ作品に象徴されるように、顧客のこころ動かすコミュニケーションを実現するためには、的確に「インサイト」を突くことがより重要だということを再認識させてもらいました。データ分析等を通じ、顧客の状態を客観的かつ正確に捕捉できるデジタル全盛の現代だからこそ、メッセージを発する側に対しては、より真剣にインサイトを探る努力が求められる時代になってきていると感じました。

人を動かすパワーのあるDMを募集します

実際に発送されたDMを募集し、優れた作品と、その広告主・制作者を表彰する「全日本DM大賞」。
本賞は、あなたの企画したDMが客観的に評価される絶好のチャンスでもあります。
過去の受賞者からは、「自分のプロジェクトが社内で重要視されるようになった」
「DM施策が進めやすくなった」といった声もよく聞かれます。あなたもぜひ応募してみませんか。
ここでは全日本DM大賞の応募時に寄せられるご質問をまとめましたので参考にしてください。

Q 応募資格はありますか?

　実際に発送されたDMの広告主、制作者であればどなたでも応募できます。複数点数の応募も可能です。なおシリーズもの、同一キャンペーンものは合わせて1点とします。

　応募時は、作品1件ごとに応募フォームより必要事項を記入します。

Q 審査ではどんな点を評価しているのですか?

　審査の対象は、DM作品は外封筒、同封物などすべてになります。

　参考資料を添付いただいての応募も可能です。例えばDMと連動したキャンペーンサイトのプリントアウト、動画を収めたDVD、新聞広告の実物またはコピーなどを添付することができます。なお公平な審査を行うため、参考資料内に所属企業や個人名が特定できるロゴや名前の表記があった場合は審査対象外になりますのでご注意ください。

　審査の過程は、一次審査(応募フォーム記載情報に基づく審査)、二次審査(二次審査委員によるスコアリング)を経て、最終審査で最終審査委員によるスコアリング、協議および投票により入賞作品を決定します。

　スコアリングは、応募されたDMおよび応募フォーム記載情報に基づき、「戦略性」「クリエイティブ」「実施効果」の3項目について各審査委員が5段階で評価しています。

Q 応募料、出品料など、費用が発生することはありますか?

　応募、受賞について、応募料、出品料などの費用が発生することはありません。作品をお送りいただく郵送料のみ、ご負担いただきます。

Q 郵便以外の宅配サービスで発送しているDMも応募可能ですか?

可能です。以前の入賞作品にも実績があります。

Q レスポンス率など、応募時に記入が必須の項目について、具体的な数値を書くことはできないのですが、どうすればいいですか?

　必須項目は、わかる範囲で構いませんので、ご記入ください。具体的な数値をご記入いただけない場合は、受注率前年比○○%UPなど、実施効果が読み取れるようにご記入ください。

　なお応募フォームの記載内容は無断で公表いたしません。必須項目は審査の重要なポイントになりますので、できるだけ具体的にご記入ください。公表する場合は、事前に確認させていただきます。

Q 賞金はありますか?

　賞金はありませんが、上位入賞作品は、そのDMの広告主、制作者とともに、書籍などでご紹介いたしますので、広くパブリシティできるメリットがあります。また贈賞式、贈賞パーティーへのご招待などもございます。

次回の全日本DM大賞の詳細については、2020年夏頃より順次発表していく予定です。詳細は全日本DM大賞の公式サイト https://www.dm-award.jp/ などをご覧ください。応募・審査の方法については、変更になる可能性もあります。

ヒト・モノが動く!
効果の上がる
DMの秘訣

「デジ×アナ」の取り組み、実践へのヒントを探る!

──福岡インターネットマーケティングフォーラム

宣伝会議は2019年10月11日、「インターネットマーケティングフォーラム2019」を福岡で初開催。各社の先進的な事例とその成果に関する11のセッションを行った。本記事では、日本郵便のデジタル×アナログの活用を探るプロジェクトに基づいて行われた対談についてレポート。日本郵便はこの3年間、デジタル×アナログの組み合わせの最適な組み合わせを探るため、産学共同プロジェクトを立ち上げて検証を行ってきた。今回は、参加企業のひとつである富士フイルムと、デジタル×リアルの連携を模索する九州旅客鉄道(以下、JR九州)とを迎え、ディスカッションを行った。

"あたたかみ"を感じさせるDMでロイヤルユーザーにアプローチ

　日本郵便が行う「デジタル×アナログ」実証実験とは、デジタル施策とDMは対立するものではなく、組み合わせることによって効果が出る、ということを明らかにしていくことを目的に約4年前にスタートしたプロジェクトだ。早稲田大学の恩藏教授も参加し、さまざまな企業と実験を行ってきた。

　セミナーの冒頭、本プロジェクトに参加をする富士フイルムの一色氏がデジタル×アナログの実証実験を行った成果について発表を行った。富士フイルムでは、立ち上げから20年になるメーカー直販ECサイト「PRINTS AND GIFTS」のマーケティング活動で、実証実験を行った。

　同サービスは、eコマースのビジネスモデルであるため、これまではEメールを中心にオンラインのプロモーション手段を使用する機会が多かった。フォトライフの提案や売上拡大はもちろん、ユーザーの声を直接吸い上げて新商品開発やサービス開発へとつなぐのも狙いだ。

　しかしこれまでのデジタル中心のマーケティング活動について一色氏は「eコマースではメールでのコミュニケーションが中心になります。サイトの総会員数約200万人のうち、メールを送れるのはその半分。開封率は約15%なので全会員の8%としかコミュニケーションできていないことが課題でした」と話す。

　そこで、メールを拒否している会員を多角的にRFM分析等をした結果、その中にロイヤルユーザーが多く含まれていることが判明したという。

　「メール拒否顧客とのコミュニケーションを考えた末に

富士フイルム e戦略推進室／マネージャー　一色 昭典 氏

決めたのがDMでした。実証実験の内容は"Eメールとダイレクトメールを順番に送ることで態度変容が起こるか?"というもの。結果として、紙のDMを送るとクーポンの使用期限日に向かってサイト訪問率や注文率が上がっていくことがわかりました」。

　仮説だが、紙のDMは閲覧率・保存性が高く、後に送るメールがクーポン使用のリマインダーになったのだろうと分析したという。

モデレーター：博報堂プロダクツ データビジネスデザイン事業本部 エグゼクティブデータマーケティングディレクター　大木 真吾 氏

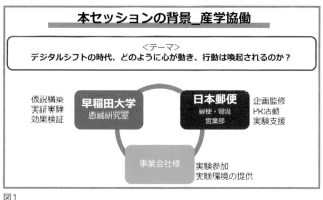

図1

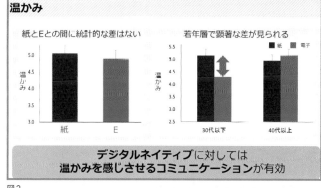

図2

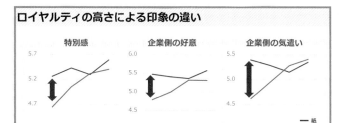

図3

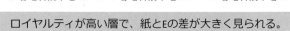

図4

「更にアンケートによって顧客のインサイトやDM効果の理由が明確になりました。DMには"あたたかみ"と"限定感"が感じられる、と。そして、ロイヤルティが高い人ほどDMへの好感度が高いことがわかりました」（図2・3）。また、ロイヤルティの高い人ほどオプトアウトが進むことがわかったため、距離感やエンゲージメントの深さでチャネルを変えていく必要性があると話した。

ポイントおまとめサービスで
リアルでの融合をデジタルでも実現

次にJR九州の総合企画本部 相良氏が「JRキューポ」サービスの取り組みを紹介した。立ち上げから3年目になるポイントまとめサービスだ。

インターネット列車予約による「eレールポイント」とクレジットカード「JQ CARD」、ICカード「SUGOCA」で貯まるポイントを統合するというものだ。立ち上げの背景を相良氏は次のように説明する。

「今後デジタル化が進むと、立地の優位性で集客する従来のビジネスモデルだけではやっていけないかもしれないと考えました。鉄道、商業施設、飲食店などリアルでの融合をデジタル上でも実現するには会員の統合が必須だと考えました」。

3つのポイントサービスの統合によって、各サービスを

九州旅客鉄道 総合企画本部 経営企画部 グループマーケティング室 室長　相良 周平 氏

横断した利用状況が可視化できる。それに対して最適なコミュニケーションを図ることで、グループ全体のライフタイムバリューを上げることが狙いだ。

会員起点でのマーケティングを実施するために、会員情報や購買データ、ポイントの利用履歴、メールの開封履歴などを格納するJRキューポDMPを構築した。このDMPとBIツールを連携させてダッシュボード化することにより会員の情報を可視化し、さらにMAツールとの連携により顧客の属性や行動にあわせたコミュニケーションを実施していると相良氏（図4）。

お客様向けサービスを行った後のコミュニケーション評価やデータ分析から得た気づきにより、新たな施策につなげていきたいと述べた。

DMメディア 実態調査2019（抜粋）

日々発送されるさまざまなDMを生活者はどのように受け取っているのか。
日本ダイレクトメール協会が実施した調査データを基に、DMの種類や閲覧状況、
生活者がDMに持つ印象や行動に与える影響などについて読み解く。

「DMメディア接触状況・効果測定に関する調査」

調査期間	2019年 12月4日〜10日（事前調査） 12月10日〜26日（本調査）
調査対象	関東エリアの20〜59歳男女
調査方法	インターネットリサーチ
有効回答数	9146サンプル（事前調査）、 199サンプル（本調査）
調査機関	マクロミル

（一社）日本ダイレクトメール協会 実施

DATA 1
1週間の DM受け取り通数 （自宅合計）

受け取り通数は平均6.7通
「5通未満」が最も多く5割を超えた。平均受け取り通数は6.7通。内訳を見ると、既婚者では子どもなしが平均5.7通、子どもありが平均6.7通。また年収による差はあまり見られなかった。

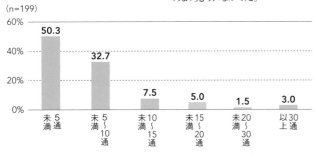

(n=199)

区分	%
5通未満	50.3
5〜10通未満	32.7
10〜15通未満	7.5
15〜20通未満	5.0
20〜30通未満	1.5
30通以上	3.0

DATA 2
DMの宛先

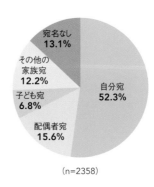

宛先	%
自分宛	52.3%
配偶者宛	15.6%
子ども宛	6.8%
その他の家族宛	12.2%
宛名なし	13.1%

(n=2358)

最も多いのは「自分宛」
世帯で受け取ったDMの宛先は、「自分宛」が52.3%を占め、「配偶者宛」（15.6%）、「子ども宛」（6.8%）が続く。

DATA 3
自分宛の DM閲読状況

74.0%がDMを読んでいる
自分宛のDMの閲読率は、全体で74.0%となり、女性（75.0%）が男性（73.2%）をやや上回った。男性では30代が82.7%と最も高く、50代は66.3%と低かった。女性は20代が84.3%と最も高く、40代は68.8%と低かった。未既婚子ども有無別では、既婚子どもありの人の方が高め。世帯年収別では、高収入のH層（900万円以上）が86.4%と最も多かった。

(%) 　　　　　　　　　　　　　　　　　　　　　　　　　■ 読んだ　■ 読まなかった

	区分	読んだ	読まなかった
	全体(1233)	74.0	26.0
性別	男性(706)	73.2	26.8
	女性(527)	75.0	25.0
性年代別	男性20代(97)	73.2	26.8
	男性30代(197)	82.7	17.3
	男性40代(160)	72.5	27.5
	男性50代(252)	66.3	33.7
	女性20代(102)	84.3	15.7
	女性30代(141)	70.2	29.8
	女性40代(170)	68.8	31.2
	女性50代(114)	81.6	18.4
未既婚子ども有無別	未婚(519)	70.3	29.7
	既婚子どもなし(178)	75.3	24.7
	既婚子どもあり(536)	77.1	22.9
世帯年収別	H(900万円以上)(264)	86.4	13.6
	M(500〜900万円未満)(525)	73.3	26.7
	L(500万円未満)(351)	68.9	31.1

【本人宛DM数ベース】

DATA 4
DMとEメールの閲読状況

「ほとんど開封して目を通す」のはDMがEメールの約2.3倍

DMでは「ほとんど開封して目を通す」が45.7%で最も多く、Eメール・メルマガの約2.3倍となった。Eメール・メルマガは「タイトルを見て読むかどうか決める」が44.7%で最も多い。性年代別では女性20代で、DMを「ほとんど開封して目を通す」が57.1%とその傾向が強い。世帯年収別では、M層でDMを「ほとんど開封して目を通す」が過半数を占めた。

◆ ダイレクトメール ◆ (%)

		ほとんど開封して目を通す	封筒やはがき、Eメールのタイトルを見て読むかどうか決める	差出人や企業名を見て読むかどうか決める	ほとんど開封せずに捨てる、削除する
	全体(199)	45.7	33.7	14.6	6.0
性別	男性(102)	45.1	30.4	17.6	6.9
	女性(97)	46.4	37.1	11.3	5.2
性年代別	男性20代(16)	37.5	31.3	18.8	12.5
	男性30代(30)	56.7	23.3	13.3	6.7
	男性40代(25)	48.0	20.0	20.0	12.0
	男性50代(31)	35.5	45.2	19.4	
	女性20代(21)	57.1	28.6	9.5	4.8
	女性30代(25)	56.0	36.0	4.0	4.0
	女性40代(32)	31.3	46.9	15.6	6.3
	女性50代(19)	47.4	31.6	15.8	5.3
未既婚子ども有無別	未婚(91)	45.1	29.7	16.5	8.8
	既婚子どもなし(27)	48.1	40.7	11.1	
	既婚子どもあり(81)	45.7	35.8	13.6	4.9
世帯年収別	H(900万円以上)(47)	40.4	42.6	12.8	4.3
	M(500~900万円未満)(71)	52.1	33.8	9.9	4.2
	L(500万円未満)(65)	43.1	27.7	18.5	10.8

【全体ベース】

◆ Eメール・メルマガ ◆ (%)

		ほとんど開封して目を通す	タイトルを見て読むかどうか決める	差出人や企業名を見て読むかどうか決める	ほとんど開封せずに削除する
	全体(199)	19.6	44.7	21.1	14.6
性別	男性(102)	21.6	38.2	28.4	11.8
	女性(97)	17.5	51.5	13.4	17.5
性年代別	男性20代(16)	18.8	37.5	31.3	12.5
	男性30代(30)	23.3	33.3	30.0	13.3
	男性40代(25)	24.0	32.0	32.0	12.0
	男性50代(31)	19.4	48.4	22.6	9.7
	女性20代(21)	33.3	38.1	9.5	19.0
	女性30代(25)	12.0	52.0	16.0	20.0
	女性40代(32)	9.4	65.6	6.3	18.8
	女性50代(19)	21.1	42.1	26.3	10.5
未既婚子ども有無別	未婚(91)	19.8	39.6	19.8	20.9
	既婚子どもなし(27)	22.2	51.9	18.5	7.4
	既婚子どもあり(81)	18.5	48.1	23.5	9.9
世帯年収別	H(900万円以上)(47)	19.1	53.2	19.1	8.5
	M(500~900万円未満)(71)	21.1	40.8	25.4	12.7
	L(500万円未満)(65)	21.5	41.5	18.5	18.5

【全体ベース】

■ ほとんど開封して目を通す　□ 封筒やはがき、Eメールのタイトルを見て読むかどうか決める　■ 差出人や企業名を見て読むかどうか決める　□ ほとんど開封せずに捨てる、削除する

DATA 5
開封・閲読するDM情報内容

閲読率高い「商品・サービスの利用明細・請求書」

開封・閲読する情報内容を購入・利用経験別で見たところ、購入・利用経験「あり」が「なし」を大きく上回ったものは、「保険などの更新・見直しの案内」「イベントの案内」「カタログや情報誌の送付」だった。購入・利用経験がある人の中で、開封・閲読が高かったのは「商品・サービスの利用明細・請求書」「役所など行政からの案内」だった。クーポンの案内は、購入・利用経験なしの閲読率が高く、見込み客の関心向上に機能しているのがわかる。

■ 購入・利用経験あり(n=199)　■ 購入・利用経験なし(n=187)

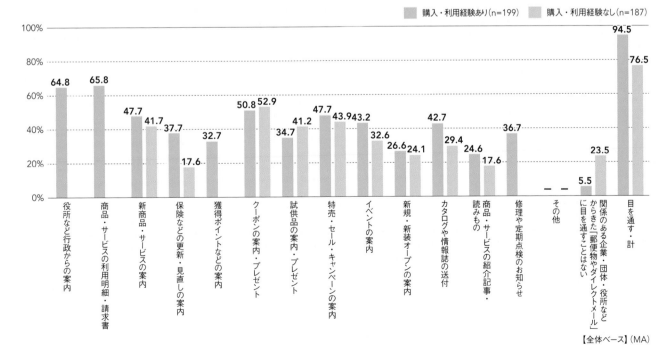

【全体ベース】(MA)

DATA 6
DMのタイプ・形態

圧倒的に多いのは「はがき（圧着含む）」で34.6％。次いで「封書（A4サイズ未満）」（23.5％）の順。差出人業種別で見ると、「はがき（圧着含む）」の割合が高いのは、「衣料品・アクセサリー・時計関係」（59.3％）、「レジャー施設関連」（59.2％）、「デパートなど流通関係」（51.5％）だった。

(%)	はがき（圧着含む）	A4サイズはがき（圧着含む）	大型の封書（A4サイズ以上）	封書（A4サイズ未満）	小包	その他
全体(2358)	34.6	11.8	12.8	23.5	1.5	15.7
閲読状況別 読んだ(1361)	41.3	11.0	12.4	24.7	2.1	8.4
読まなかった(997)	25.6	12.9	13.2	21.9	0.7	25.7
DM差出人業種別 通信販売メーカー(265)	33.2	18.1	14.7	20.4	3.0	10.6
デパートなど流通関係(134)	51.5	11.9	3.7	22.4	0.7	9.7
食料品メーカー・食料品店関係(151)	27.2	11.3	9.9	18.5	2.6	30.5
衣料品・アクセサリー・時計関係(135)	59.3	10.4	8.1	11.9	1.5	8.9
家電量販店(71)	47.9	19.7	4.2	14.1	2.8	11.3
メガネ・コンタクトレンズ(49)	51.0	8.2	10.2	16.3	2.0	12.2
薬局・ドラッグストア・化粧品店関係(61)	45.9	13.1	11.5	9.8	4.9	14.8
自動車関係(自動車ディーラー、カー用品店など)(91)	36.3	15.4	25.3	16.5	1.1	5.5
美容院・エステティック関連(83)	39.8	9.6	12.0	10.8	2.4	25.3
携帯電話・インターネットの通信サービス関連(99)	17.2	13.1	16.2	34.3		19.2
旅行・ホテル・旅行代理店関連(47)	34.0	21.3	6.4	23.4	2.1	12.8
レジャー施設関連(71)	59.2	11.3	8.5	16.9		4.2
不動産・住宅・設備関連(246)	19.9	19.9	17.1	20.7		22.4
郵便局・銀行関連(80)	38.8	10.0	8.8	33.8		8.8
保険関連(154)	39.0	5.8	12.3	39.6	0.6	2.6
クレジットカード関連(134)	38.1	4.5	4.5	50.0		3.0
塾・通信教育・カルチャーセンター関連(180)	27.8	9.4	25.6	28.9	2.8	5.6

【全DM数ベース】

DATA 7
DMの印象・評価

DMが来ることを「楽しみにしている（やや楽しみにしているとの計）」は19.6％。DMの形状別で見ると、小包は「楽しみにしている（やや楽しみにしているとの計）」が72.2％と、ほかの形状のDMを大きく上回っている。差出人の業種別で見ると、「デパートなど流通関係」が4割を超えている。

(%)	来るのを楽しみにしている	やや楽しみにしている	どちらともいえない	やや迷惑・意味がない	迷惑・意味がない
全体(2358)	6.5	13.1	47.1	13.3	20.0
閲読状況別 読んだ(1361)	10.9	20.2	52.2	10.2	6.5
読まなかった(997)	0.5	3.3	40.2	17.6	38.4
DM形状別 はがき(817)	8.2	16.3	49.8	12.4	13.3
A4サイズはがき（圧着含む）(279)	6.5	10.4	43.4	16.1	23.7
大型の封書(A4サイズ以上のもの)(301)	9.0	14.0	46.2	16.3	14.6
封書(A4サイズ未満のもの)(554)	4.2	13.9	52.9	12.6	16.4
小包(36)	36.1	36.1	36.1	16.7	11.1
その他(371)	1.3	3.8	39.1	12.1	43.7
DM差出人業種別 通信販売メーカー(265)	8.3	13.2	44.9	18.1	15.5
デパートなど流通関係(134)	14.9	29.1	38.8	10.4	6.7
食料品メーカー・食料品店関係(151)	9.3	13.9	31.8	17.2	27.8
衣料品・アクセサリー・時計関係(135)	11.1	17.0	43.0	5.2	23.7
家電量販店(71)	11.3	26.8	36.6	12.7	12.7
メガネ・コンタクトレンズ(49)	10.2	16.3	53.1	10.2	10.2
薬局・ドラッグストア・化粧品店関係(61)	6.6	23.0	36.1	14.8	19.7
自動車関係(自動車ディーラー、カー用品店など)(91)	8.8	23.1	48.4	13.2	6.6
美容院・エステティック関連(83)	7.2	12.0	36.1	16.9	27.7
携帯電話・インターネットの通信サービス関連(99)	4.0	14.1	47.5	8.1	26.3
旅行・ホテル・旅行代理店関連(47)	6.4	29.8	51.1	8.5	4.3
レジャー施設関連(71)	5.6	5.6	63.4	16.9	8.5
不動産・住宅・設備関連(246)	0.8	3.7	32.9	20.3	42.3
郵便局・銀行関連(80)	1.3	8.8	66.3	7.5	16.3
保険関連(154)	0.6	10.4	63.6	12.3	13.0
クレジットカード関連(134)	3.0	7.5	62.7	12.7	14.2
塾・通信教育・カルチャーセンター関連(180)	6.7	9.4	45.0	17.2	21.7

【全DM数ベース】

自分宛DMの行動喚起率は16%

DM閲読後に問い合わせやネット検索など、なんらかの行動をしたとの回答は16.3%だった。行動の内容としては、「内容についてインターネットで調べた」（7.5%）、「家族・友人・知人などとの話題にした」（4.1%）、「お店に出かけた」（2.0%）、「商品・サービスを購入・利用した」（1.5%）などだった。

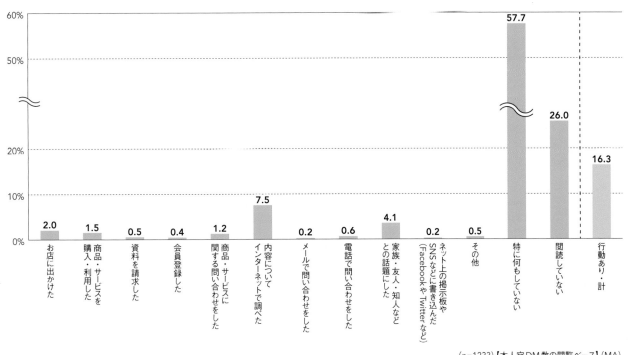

(n=1233)【本人宛DM数の閲覧ベース】(MA)

「興味のある内容だったから」が約5割

閲読後の行動理由については「興味のある内容だったから」が49.3%と最も高い。次いで「ちょうどよいタイミングだったから（欲しい・行きたい）」（28.9%）の順。「クーポンなどの特典があったから」（17.9%）、「割引特典に魅かれたから」（11.9%）など、オファーに関する理由も高い数値になっている。

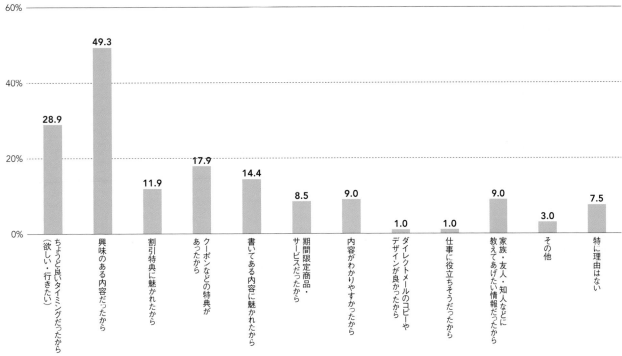

(回答者n=63、DM数n=201)【本人宛DM閲覧後行動者ベース】(MA)

DATA 10
閲読後の
DMの扱い

自分宛DMの45%が保管されている

閲読後のDMについては、自分で保管が38.1%、家族などに渡すが12.1%、捨てるが49.7%。自分宛のDMは、「自分が保管」が45.5%だった。DM形状別では「小包」の保存される割合（69.0%）が高い。

保存性に特徴を見出すことができるDMにおいては、どのように保存してもらえるようにするかという点が肝要。

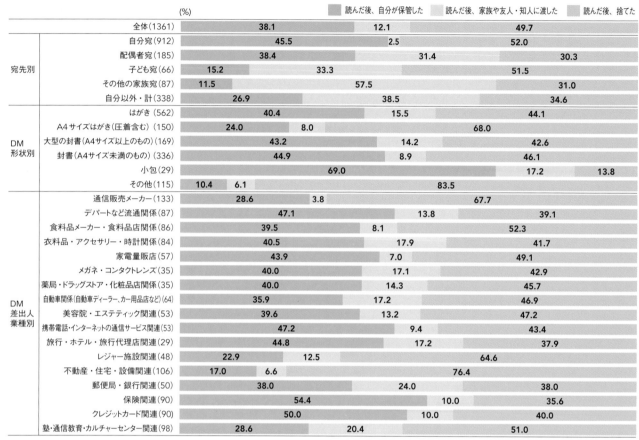

【全DM数の閲読ベース】

DATA 11
One to One
メッセージの
パーソナライズ認知

「年齢、性別、誕生日に応じたサービス」や「クーポン」についてのパーソナライズ認知が高い

パーソナライズの認知率は67.3%。特に、「年齢、性別、誕生日などに関係したサービスの提供」（37.2%）、「最近購入した商品関連のクーポン」（30.2%）の割合が高い。男女別に見てみると、「年齢、性別、誕生日などに関係したサービスの提供」が、男性（32.4%）と比べて女性（42.3%）が高め。世帯年収別で見ると、M層のパーソナライズの認知率が最も高い。

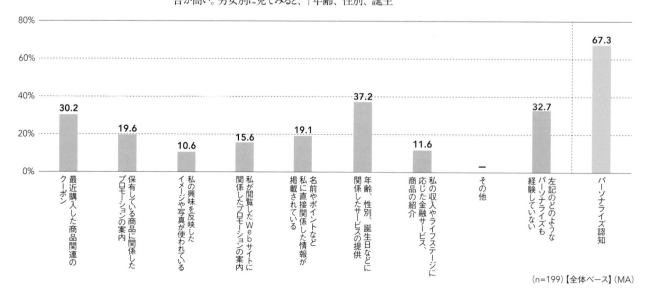

(n=199)【全体ベース】(MA)

One to One メッセージのパーソナライズ開封意向

約半数が開封意向あり

普通のDMに比べて、パーソナライズされたタイプの開封意向（「開封、閲読してみたい」「まあ開封、閲読してみたい」）は45.3%、「あまり開封、閲読したくない」「開封、閲読したくない」は18.6%と、パーソナライズの効果は、大きいと考えられる。性別による開封意向に大きな差は見られないものの、女性20代で開封意向が6割超と突出して高い。未既婚子ども有無では「既婚子供なし」が51.8%と高め。世帯年収別で見ると、M層が一番高く約5割となった。

凡例： ■開封、閲読してみたい ■まあ開封、閲読してみたい ■どちらともいえない ■あまり開封、閲読したくない ■開封、閲読したくない ■わからない

		開封、閲読してみたい	まあ開封、閲読してみたい	どちらともいえない	あまり開封、閲読したくない	開封、閲読したくない	わからない
	全体 (199)	13.1	32.2	29.6	12.1	6.5	6.5
性別	男性 (102)	11.8	30.4	30.4	10.8	8.8	7.8
	女性 (97)	14.4	34.0	28.9	13.4	4.1	5.2
性年代別	男性20代 (16)	25.0	18.8	37.5	6.3	6.3	6.3
	男性30代 (30)	13.3	36.7	26.7	6.7	6.7	10.0
	男性40代 (25)	8.0	40.0	16.0	12.0	12.0	12.0
	男性50代 (31)	6.5	22.6	41.9	16.1	9.7	3.2
	女性20代 (21)	28.6	33.3	23.8	4.8	9.5	
	女性30代 (25)	12.0	44.0	28.0	8.0	4.0	4.0
	女性40代 (32)	12.5	31.3	31.3	15.6	3.1	6.3
	女性50代 (19)	5.3	26.3	31.6	26.3	10.5	
未既婚子ども有無別	未婚 (91)	13.2	31.9	24.2	13.2	7.7	9.9
	既婚子どもなし (27)	14.8	37.0	22.2	22.2	3.7	
	既婚子どもあり (81)	12.3	30.9	38.3	7.4	6.2	4.9
世帯年収別	H (900万円以上) (47)	12.8	29.8	34.0	14.9	4.3	4.3
	M (500～900万円未満) (71)	18.3	31.0	28.2	12.7	7.0	2.8
	L (500万円未満) (65)	7.7	38.5	27.7	9.2	9.2	7.7

【全体ベース】

WebメディアアクセスDMの受け取り有無

6割がDMからWebへ誘導するDMを受け取っている

二次元コードやURLの記載などによって、Webへの誘導を行う「メディアアクセスDM」について、約6割が、受け取り経験があると回答。アクセス経験は4割を超えた。「メディアアクセスのDMの受け取り」「アクセス経験」に性別差はない。男性30代と女性40代が比較的高い。世帯年収別で見ると、「受け取り経験」「アクセス経験」ともにM層が最も高い。

◆ メディアアクセスDM受け取り経験 ◆
凡例： ■ある ■たまにある ■ない

		ある	たまにある	ない
	全体 (199)	22.6	41.7	35.7
性別	男性 (102)	25.5	38.2	36.3
	女性 (97)	19.6	45.4	35.1
性年代別	男性20代 (16)	25.0	25.0	50.0
	男性30代 (30)	33.3	50.0	16.7
	男性40代 (25)	24.0	44.0	32.0
	男性50代 (31)	19.4	29.0	51.6
	女性20代 (21)	14.3	47.6	38.1
	女性30代 (25)	20.0	44.0	36.0
	女性40代 (32)	28.1	50.0	21.9
	女性50代 (19)	10.5	36.8	52.6
未既婚子ども有無別	未婚 (91)	22.0	39.6	38.5
	既婚子どもなし (27)	33.3	18.5	48.1
	既婚子どもあり (81)	19.8	51.9	28.4
世帯年収別	H (900万円以上) (47)	19.1	42.6	38.3
	M (500～900万円未満) (71)	23.9	54.9	21.1
	L (500万円未満) (65)	24.6	29.2	46.2

◆ アクセス経験 ◆

		ある	たまにある	ない
	全体 (199)	11.1	29.1	59.8
性別	男性 (102)	13.7	26.5	59.8
	女性 (97)	8.2	32.0	59.8
性年代別	男性20代 (16)	25.0	25.0	50.0
	男性30代 (30)	16.7	33.3	50.0
	男性40代 (25)	12.0	28.0	60.0
	男性50代 (31)	6.5	19.4	74.2
	女性20代 (21)	4.8	42.9	52.4
	女性30代 (25)	12.0	32.0	56.0
	女性40代 (32)	9.4	43.8	46.9
	女性50代 (19)	5.3		94.7
未既婚子ども有無別	未婚 (91)	12.1	29.7	58.2
	既婚子どもなし (27)	18.5	14.8	66.7
	既婚子どもあり (81)	7.4	33.3	59.3
世帯年収別	H (900万円以上) (47)	8.5	31.9	59.6
	M (500～900万円未満) (71)	11.3	32.4	56.3
	L (500万円未満) (65)	13.8	21.5	64.6

【全体ベース】

【事例で学ぶ】
成功するDMの極意
全日本DM大賞年鑑2020

発行日	2020年4月10日　初版
編集	株式会社宣伝会議
編集協力	日本郵便株式会社
発行者	東 彦弥
発行所	株式会社宣伝会議
	〒107-8550
	東京都港区南青山3-11-13
	TEL.03-3475-3010（代表）
	URL　https://www.sendenkaigi.com/
デザイン	株式会社ビーワークス
本文レイアウト	株式会社アイフィス
執筆協力	椎名昌彦（一般社団法人日本ダイレクトメール協会）
	松本俊仁（日本郵便株式会社）
	中垣征也（日本郵便株式会社）
印刷・製本	凸版印刷株式会社

ISBN978-4-88335-494-8

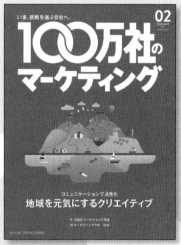